GEISTFÜHRER
EINE ANLEITUNG FÜR ANFÄNGER ZUR KOMMUNIKATION MIT GEISTFÜHRERN UND SCHUTZENGELN

TAYLOR TURNER

CONTENTS

EINFÜHRUNG

Haben Sie manchmal das Gefühl, dass Sie einen verlorenen Kampf gegen das Leben führen und völlig allein sind? Diese Art von Gefühlen kann zerstörerisch und schädlich sein. Aber was wäre, wenn Sie wüssten, dass das Universum und die spirituelle Welt ein Team von Führern haben, die bereit sind, Ihnen zu helfen, Sie zu führen und zu beschützen, von dem Moment an, in dem Sie geboren werden? Selbst wenn Sie sich nicht besonders spirituell oder im Einklang mit dem Universum fühlen, sind sie da und warten darauf, dass Sie die Hand ausstrecken und ihre Botschaften empfangen.

Vielleicht sind Sie bereits durch geistliche Botschaften gesegnet worden. Scheinbar normale Mitteilungen werden oft geschickt, um Ihnen einen Anstoß in die richtige Richtung zu geben. Haben Sie schon einmal einen "Zufall" erlebt, der genau zur richtigen Zeit auftauchte?

In diesem Buch werden wir besprechen, wer diese Mitglieder Ihres spirituellen Teams sind, warum sie da sind und wie Sie beginnen können, mit ihnen zu kommunizieren. Den Geistern ist es egal, welche religiösen Überzeugungen Sie haben; sie sind einfach für Sie da. Sobald Sie wissen, wie Sie ihre Zeichen deuten, sie um Hilfe bitten und offen mit ihnen kommunizieren können, werden Sie in der Lage sein, ihr volles Potenzial zu nutzen, um Ihre Zeit hier auf der Erde zu verbessern.

KAPITEL 1: WAS SIND GEISTFÜHRER?

Die Existenz von Geistführern ist nicht von der Hand zu weisen, denn wirklich jeder hat eine Erfahrung gemacht, bei der äußere Kräfte ihn beeinflusst haben. Der Unterschied besteht darin, dass Gläubige erkennen, dass die Geister und das Universum Signale und Botschaften senden, während Nicht-Gläubige die Erfahrungen als Zufälle und natürliche Lebensereignisse abtun.

Wenn Sie an Geistführer glauben, dann erkennen Sie, dass sie eine gemeinsame menschliche Erfahrung sind. Sie erscheinen nicht nur den Menschen, die an sie glauben; sie sind Kräfte, die ausschließlich dazu da sind, das spirituelle Wachstum zu unterstützen und uns auf einen Weg der Klarheit, der Freude und des inneren Friedens zu führen. Selbst wenn also der Gedanke an Geistführer als greifbare Wesen Ihrem Glauben nicht entspricht, müssen Sie zumindest anerkennen, dass es archetypische Energieformen gibt, die unser Leben bestimmen.

In den westlichen spirituellen Lehren bilden viele Formen von Geistführern ein Team von Mentoren, die die inkarnierten Menschen beschützen und ihnen das Wissen und die Unterstützung geben, die sie brauchen. Geistführer ist ein allgemeiner Begriff, der viele Formen von Beschützern umfasst, darunter auch die unten aufgeführten Beispiele. Diese Liste erhebt keinen Anspruch auf Vollständigkeit, da manche Menschen feststellen, dass ihre Verbindungen einzigartig sind und nicht in die üblichen Gruppen fallen.

Wer gehört zu Ihrem Team?

Erstens haben Sie einen großen Führer, der auch als Schutzengel bekannt ist und Ihnen vor Ihrer Geburt zugewiesen wird. Wir werden die Schutzengel später in diesem Buch ausführlicher behandeln, aber für den Moment werden wir diesen Hauptführer Ihren "Lebensführer" nennen und mit ihm beginnen.

- Lebensbegleiter: Diese Hüter begleiten Sie vom Moment Ihrer Geburt bis zu Ihrem Tod und darüber hinaus. Sie haben dich ausgewählt, weil sie deinen Geist als einen erkennen, der mit ihrem eigenen in Resonanz steht. Sie sind die einzigen Geister, die nie von deiner Seite weichen.

Sobald Sie sich mit Ihrem Lebensführer verbunden haben, werden Sie ein Gefühl für seine Individualität bekommen. Sie werden einen Namen haben, mit dem Sie ihn herbeirufen können, und Sie werden ein Gefühl für sein Aussehen und seinen geistigen Hintergrund bekommen. Sie werden sich mit Ihnen verbinden, wann immer Sie sie brauchen, und sie werden als Anstandsdame für den Rest Ihres spirituellen Teams fungieren. Lebensberater sind wie Büroleiter, die dafür ausgebildet sind, das Chaos zu reduzieren.

- Die göttlichen Zeitmesser: Sie sind die Zeitwächter der geistigen Welt. Sie haben einen Plan für Ihr Leben und geben Ihnen einen Anstoß, wenn Sie bestimmte Wege gehen müssen. Sie arbeiten immer daran, dass Ihr Leben reibungslos verläuft, aber das bedeutet nicht unbedingt, dass Sie alles bekommen, was Sie wollen.

Wenn Sie Botschaften über Zahlen und Synchronizität erhalten, sind dies die Geister, die sie geschickt haben. Vergewissern Sie sich, dass Sie die Bedeutung und Symbolik der Zahlen verstehen, damit Sie ihre Botschaften deuten können.

- **Kriegerführer:** Dies sind unglaublich erleuchtete Wesen, die dich vor allen Formen von Angriffen schützen. Das können spirituelle, physische oder mentale Angriffe sein, aber sie konzentrieren sich hauptsächlich auf psychische Angelegenheiten. Diese Führer sind für das beunruhigende Bauchgefühl zuständig, wenn du spürst, dass etwas nicht stimmt.

- **Schöpferische Führer:** Diese Geister sind für kreative Angelegenheiten zuständig. Sie lehren deine Seele, die Fähigkeiten und Fertigkeiten, die du hast, zu schätzen und sie sinnvoll zu nutzen. Selbst die unkreativste Seele wird von diesen Führern profitieren. Sie werden dir alternative kreative Lösungen für all deine Dilemmas bieten.

- **Torwächter:** Sie sind Ihre zweite Leibwache, die eng mit Ihren Kriegerbeschützern zusammenarbeitet. Sie halten Ihre Akasha-Aufzeichnung, eine psychische Aufzeichnung aller Gedanken und Ereignisse, die in Ihrer Vergangenheit, Gegenwart und Zukunft geschehen sind. Dadurch sind sie in der Lage, dich vor allen negativen Energien zu schützen, die in dein Leben einzudringen drohen. Ihr Torwächtergeist ist wie ein hochklassiger Türsteher in einem exklusiven Club mit einer Liste. Er gewährt nur den höheren Energieformen Zutritt und blockiert alles Negative.

- **Lichtwesen:** Jeder hat Zeiten, in denen er verzweifelt ist. Der Tod von geliebten Menschen oder traumatische Ereignisse treffen uns alle. Lichtwesen werden für dich da sein, um deinen Geist zu erwecken und dir zu helfen, die Dunkelheit zu überwinden. Sie werden Lichtwesen genannt, weil sie buchstäblich Licht in dein Leben bringen.

- **Halb Mensch, halb Tier:** Diese Geister, die auch als Trans-Spezies bezeichnet werden, haben menschliche und tierische Eigenschaften angenommen. Viele Gottheiten haben eine solche Form, darunter Anubis, der schakalköpfige Gott aus dem alten Ägypten. Andere Formen von Trans-Spezies sind Meerjungfrauen, Harpyien und Zentauren. Die Geister nehmen diese Form an, um magisch und weniger bedrohlich auf Menschen zu wirken, die der Geisterwelt gegenüber zögerlich sind.

- **Ahnenführer:** Wenn Mitglieder Ihrer Familie verstorben sind, haben sie die Möglichkeit, als Führer für Sie zu fungieren. Auch sie werden ihre eigenen Ahnenführer haben, die sich Ihrem spirituellen Team anschließen, auch wenn Sie Generationen voneinander entfernt sind. Wenn Sie sich mit einem Geist verbinden, der sich vertraut anfühlt, könnte es sich um eine Ahnenverbindung handeln. Wenn Sie eine Verbindung mit dieser Art von Geist spüren, versuchen Sie, Ihren Stammbaum zu erforschen, um herauszufinden, wer es sein könnte und welche Qualitäten er mitbringt.

- **Aufgestiegene Meister:** Dies sind höhere Wesen, die ein fruchtbares Leben gelebt und höhere spirituelle Ebenen erreicht haben. Sie haben ihr eigenes spirituelles Erwachen erlebt und den Kreislauf von Reinkarnation und spirituellem Wachstum überwunden. Jetzt haben sie eine andere Aufgabe zu erfüllen. Die aufgestiegenen Meister werden sich bemühen, der gesamten Menschheit zu helfen, wenn sie mit karmischen Blockaden konfrontiert ist oder die Weisheit und den Rat dieser höchsten Lehrer benötigt.

Beliebte Aufgestiegene Meister, die Sie anrufen können

1. **Amitabha:** Das ultimative buddhistische umfassende Symbol der Liebe. Er lebt im Paradies, ist aber nie zu beschäftigt, um seine liebende Essenz in deine spirituelle Welt zu bringen.

2. **Jesus Christus:** Jesus, der Sohn Gottes, ist die Verkörperung von Weisheit und bedingungsloser Liebe. Seine Zeit auf der Erde brachte ihm ein tieferes Verständnis für die menschliche Psyche und die Art und Weise, wie Männer und Frauen funktionieren. Rufen Sie ihn um Energien der Hingabe und Vergebung an, wenn Sie sie brauchen.

3. **Krishna:** Diese Hindu-Gottheit ist der Gott des Mitgefühls und der Zärtlichkeit. Er wird Ihnen zu Hilfe kommen, wenn Ihr Geist angeschlagen und zerbrochen ist, um Sie psychisch zu heilen. Sein Name wird mit der Farbe Blau assoziiert, und das Erscheinen dieses Farbtons signalisiert, dass Krishna Sie besucht oder Ihnen eine Botschaft schickt.

4. **Kuthumi:** Als einer der Meister der alten Weisheit beaufsichtigt er die Entwicklung der Menschheit. Rufen Sie ihn an, damit er Sie berät, wie Sie höhere spirituelle Ziele erreichen können.

5. **Der Heilige Franz von Assisi:** Wenn Sie eine besondere Affinität zu Tieren haben, werden Sie eine Verbindung zu diesem aufgestiegenen Meister finden. Er ist ein starker spiritueller Vertreter der natürlichen Welt und der Hilfe für die Umwelt.

6. **Heilende Führer:** Diese Geister werden Ihnen zu Hilfe kommen, wenn Sie heilen müssen. Dies gilt sowohl für körperliche als auch für geistige Traumata. Sie waren während ihrer Zeit auf der Erde und in ihren verschiedenen Inkarnationen erfolgreiche Heiler. Betrachten Sie es als eine

Berufung zu einem bestimmten Beruf; einmal Heiler, immer Heiler. In der Vergangenheit mögen sie schamanische Heiler, Reiki-Meister oder traditionelle Heiler gewesen sein.

7. **Drachen:** Du rufst diese ultimative Naturgewalt an, wenn du ursprüngliche Kraft brauchst. Der Drache ist der Meister der Erde, der Luft und des Feuers, und er bringt all diese Elemente ins Spiel. Er wird dir zu Hilfe kommen, wenn du dich verändern musst. Das kann bedeuten, dass du seine Hilfe brauchst, um dich von Elementen deines Lebens zu befreien, oder es kann so einfach sein wie eine Veränderung im Beruf.

8. **Götter und Göttinnen:** Gottheiten sind nie zu beschäftigt oder zu unnahbar, um den Menschen zu helfen. Wähle die Gottheit mit den Stärken, die du brauchst, und bitte um ihren Geist, in dein Leben zu kommen.

Einige der mächtigsten Geistführer, die Gottheiten sind

1) Thor: Der ultimative Gott des Donners ist ein rechtschaffener Geist, der auf einem von Ziegen gezogenen Wagen durch die Stürme reitet. Wenn du seine Macht spüren willst, stell dich während eines Sommergewitters unter eine Eiche und blicke zum Himmel. Du wirst Thor und seinen mächtigen Hammer sehen, der die Herzen seiner Feinde in Angst und Schrecken versetzt. Bitten Sie in schwierigen Zeiten um seine Stärke und Kraft.

2) Sol: Die nordische Göttin der Sonne ist ein Geist, der Licht in dein Leben bringt. Ihre Legende besagt, dass sie auf einem goldenen Wagen über den Himmel reitet und von Wölfen verfolgt wird. Ihre Kraft und ihr Licht heilen selbst die am meisten verwundete Seele.

3) Brigid: Diese keltische Göttin hat drei Darstellungen, die die weiblichen Energien ansprechen. Sie ist eine Mutter, eine Jungfrau und ein altes Weib, so dass sie für Frauen jeden Alters zugänglich ist. Sie hat ein feuriges Wesen und wird Ihnen Inspiration und Hoffnung geben.

4) Ostara: Göttin des Frühlings und des Neubeginns. Wenn du bereit bist, deine nächste Stufe der spirituellen Entwicklung zu beginnen, wird sie dich leiten und dir Schutz geben. Sie ist auch die Göttin der Fruchtbarkeit, also rufe sie um Hilfe an, wenn du Fülle in deinem Leben brauchst.

5) Bran der Gesegnete: Das englische und walisische Heidentum erzählt die Geschichte von Bran und seiner mächtigen Kraft. Bran verkörpert den Geist der Stärke und des Mangels an Furcht. Er war auch ein historischer Schreiber, der die Ereignisse seiner Zeit aufzeichnete. Er wird durch die Krähe repräsentiert und erscheint in dieser Form, wenn Sie seine Hilfe benötigen, um Streitigkeiten diplomatisch zu lösen.

6) Hermes Trismegistus: Dieser Geist ist einer der mächtigsten, die es gibt, um eurer Welt Wissen zu bringen. Er stammt aus Griechenland, und seine Anhänger glaubten an seine Lehren; sie machten ihn zu einem Gott. Dann reiste er nach Ägypten, um dort seine Prinzipien zu lehren, und auch sie machten ihn zu einem Gott. Nach seiner Rückkehr nach Griechenland wurde er zu einem dreifachen Gott erklärt. Rufen Sie ihn an, um Wege zu entdecken, wie Sie sich mit Ihren Mitmenschen auf allen Ebenen vernetzen können. Er wird Sie zu einem erfüllteren Leben und zu besseren Verbindungen zu Ihren Mitmenschen führen.

7) Freya: Diese nordische Göttin, die auch als Frigg oder Freyja bekannt ist, bringt Liebe, Schönheit und Fruchtbarkeit in dein Leben. Sie ist die Hüterin der Seelen von Kriegern, die zum letzten Mal nach Walhalla kommen. Es heißt, wenn Freya die Seele eines Kriegers an sich nimmt, ist seine Zeit auf der Erde vorbei. Er ist dazu bestimmt, in den Hallen der Götter zu verweilen und das ewige Paradies zu genießen. Freya wird Ihnen zu Hilfe kommen, wenn Sie bereit sind, ein anderes Leben anzunehmen und Frieden zu finden.

8) Tyr: Der Gott des Krieges ist bereit zu helfen, wenn alles andere versagt. Wenn du versucht hast, Streitigkeiten mit Diplomatie und Takt zu schlichten, und das nicht funktioniert hat, rufe Tyr um seine Stärke an. Er ist ein Geist, der dir helfen wird, für das Richtige einzutreten und diejenigen zu besiegen, die versuchen, dich aufzuhalten. Er opferte dem Wolf Fenrir seinen rechten Arm als Zeichen des guten Willens, um die Tyrannei in seinem physischen Leben zu beenden. Betrachte Tyr als deinen göttlichen, spirituellen Rechtsgelehrten. Er wird für die Gerechtigkeit kämpfen und dein Verteidiger und Krieger sein.

9) Athene: Die griechische Göttin der Weisheit ist da, wenn du Schutz und Rat brauchst. Sie ist der Inbegriff von Urbanisierung und Zivilisationen, daher wird sie für Ordnung sorgen, wenn sie gebraucht wird.

10) Der Grüne Mann: In den keltischen Religionen ist er eine legendäre Figur, die in der Regel in Statuen als Symbol der Wiedergeburt und des Frühlings dargestellt wird. Seine Verehrer glauben, dass er die Natur verkörpert und dass er Ihnen helfen kann, sich wieder mit Ihren Wurzeln zu verbinden.

KAPITEL 2: WIE MAN SICH MIT DER GEISTIGEN WELT VERBINDET

Glauben Sie, dass wir alle übersinnlich sind und zu Verbindungen auf höherer Ebene fähig sind? Wenn Sie das nicht glauben, kann das ein Hindernis für Sie sein, Ihre übersinnlichen Führer zu erreichen. Betrachten Sie die folgende Tatsache: Wir alle haben die Fähigkeit, Gitarre zu spielen, wenn man es uns beibringt, aber nur sehr wenige von uns werden jemals so gut sein wie Jimmy Hendrix! Tatsache. Aber wir können alle lernen und üben, um besser zu werden. Dasselbe gilt für übersinnliche Fähigkeiten. Die größte Herausforderung, der Sie sich stellen müssen, ist die Überwindung des Glaubens, dass Sie nicht übersinnlich sind.

Nun, da der erste Schritt getan ist, ist es an der Zeit, spirituell zu wachsen und die Geschenke zu erforschen, die eure Geistführer für euch bereithalten.

Schritt 1: Setzen Sie Ihre Absichten

Dieser Schritt wird Ihnen auf Ihrer Reise immer wieder begegnen, denn er ist der Kern einer erfolgreichen Interaktion zwischen Ihnen und Ihren Reiseführern. Sie können euch nicht helfen, wenn sie nicht wissen, was ihr wollt. Eure geistigen

Hüter haben zwar Zugang zu euren Gedanken, aber sie respektieren auch eure Privatsphäre. Ihr müsst fragen, bevor ihr etwas bekommt.

Ihr göttlicher Plan kann so einfach oder so kompliziert sein, wie Sie möchten. Schreiben Sie eine Liste mit dem, was Sie von Ihren Führern erwarten. Brauchen Sie Schutz oder Führung, um mit negativen Kräften fertig zu werden? Fehlt Ihnen das Selbstvertrauen, um neue Projekte in Angriff zu nehmen oder den Beruf zu wechseln? Nennen Sie Ihre Träume, Wünsche und wildesten Gedanken neben Ihren eher praktischen Bedürfnissen und Hoffnungen. Die Geister urteilen nicht und haben alles schon einmal gesehen; sie werden Ihre Bereitschaft zur Verbindung erkennen, sobald Sie sie um Hilfe bitten.

Schritt 2: Lassen Sie Ihren praktischen Verstand los

Wussten Sie, dass die linke Seite Ihres Gehirns für praktische, logische und analytische Tätigkeiten zuständig ist? Wenn Sie aufgeschlossener werden wollen, ist es hilfreich, sich von der linken Gehirnhälfte zu verabschieden. Vergessen Sie nicht, ihr zu sagen, dass Sie sie nicht aufgeben und dass Sie sich bald wieder treffen werden. Diese Art von Gespräch ist einer der ersten Schritte, um Ihre Denkweise zu ändern. Wer weniger aufgeschlossen ist, würde nicht im Traum daran denken, ein Gespräch mit seinem Gehirn zu führen!

Schritt 3: Meditieren

Mit einfachen Meditationstechniken können Sie Ihre Schwingungen verlangsamen und Ihre physische Kanäle öffnen. Wenn die Geister eine Verbindung herstellen, müssen Sie an einem Ort sein, an dem Sie am besten zuhören können. Die ersten Kommunikationen mögen schwach und schwer zu verstehen sein, deshalb müssen Sie sich konzentrieren.

Hier finden Sie einige einfache Möglichkeiten, um Ihren Geist zu beruhigen, Ihren inneren Frieden zu fördern und Ihr Energieniveau zu steigern:

Meditation der fokussierten Aufmerksamkeit

Wählen Sie einen festen Gegenstand und konzentrieren Sie alle Ihre Sinne darauf. Wie sieht er aus, macht er Geräusche, riecht er? Fühlen Sie den Gegenstand, während Sie die Augen schließen, damit Sie seine Konturen und Linien spüren können. Blenden Sie alle anderen sinnlichen Unterbrechungen aus und werden Sie eins mit dem von Ihnen gewählten Objekt. Halten Sie dieses Gefühl zwei Minuten lang aufrecht, und Ihr Geist wird zu einer leeren Leinwand, die die Geister nutzen können.

Achtsame Atemmeditation

Diese Technik braucht eine bestimmte Zeit und einen bestimmten Ort, um erfolgreich zu sein. Wählen Sie einen ruhigen Ort ohne Ablenkungen und machen Sie es sich bequem. Setzen Sie sich aufrecht hin und richten Sie Ihre Wirbelsäule aus, ohne sie zu versteifen. Atmen Sie tief durch die Nase ein und halten Sie den Atem an, während Sie Ihre Schultern und Arme entspannen.

Werden Sie sich jetzt des Augenblicks bewusst. Sie befinden sich an einem ruhigen Ort mit einer entspannten Haltung, und der Moment gehört Ihnen. Niemand sonst ist wichtig, und niemand sonst wird Sie unterbrechen. Dein Geist ist klar, und deine Sinne sind auf deine Umgebung eingestimmt.

Atmen Sie nun durch den Mund aus. Stellen Sie sich vor, dass Ihr Atem alle Negativität mit sich nimmt. Jede Schuld oder jedes Bedauern, das Sie jemals gefühlt haben, lassen Sie sie los. Groll und Wut werden sich mit einem Rauschen des Atems von dir entfernen.

Wiederholen Sie nun den Vorgang, und stellen Sie sich beim Einatmen vor, wie sich Ihr Körper mit Liebe und Akzeptanz füllt. Du bist an einem perfekten Ort, um die Botschaften zu empfangen, die die Geister dir schicken werden, um deine Absichten zu erfüllen und dein Leben besser zu machen.

Meditation der liebenden Güte

Diese Technik ist auch als Metta bekannt und wurde von Buddha vor über 2600 Jahren gelehrt. Mantras werden verwendet, um sich selbst und anderen Liebe und Glück zu bringen. Diese Art der Meditation ist perfekt für Anfänger, die sich auf eine spirituelle Erfahrung vorbereiten wollen.

Wählen Sie einen ruhigen und bequemen Ort. Setzen Sie sich still hin, richten Sie Ihre Wirbelsäule aus und lassen Sie Ihre Arme ruhen. Atmen Sie tief ein und stellen Sie sich die Person vor, der Sie Liebe schicken.

Empfohlene Empfänger für Metta-Mantras

- Sie selbst

- Jeder, der dir Freundlichkeit oder Liebe gezeigt hat

- Deine Freunde

- Familienmitglieder

- Zufällige Personen, die Sie kennen und für die Sie keine persönlichen Gefühle hegen

- Jemand, mit dem Sie gestritten haben oder den Sie aktiv ablehnen

- Alle Lebewesen

Vorgeschlagene Mantras

- Mögen sie mit Liebe und Energie erfüllt sein

- Mögen sie immer gesund sein und lernen zu heilen

- Bringt ihnen Frieden und Gelassenheit

- Mögen sie frei von emotionalem und körperlichem Schmerz sein

- Mögen sie frei sein von Leid und Kummer

Während du dir den Empfänger deiner Liebe vorstellst, singe deine Mantras und stelle dir vor, wie sich dein Herz öffnet. Stell dir vor, wie die Liebe und die Positivität aus deiner Brust in die Person fließt, auf die du dich konzentrierst. Stellen Sie sich vor, wie die Positivität wächst, jedes Wesen transzendiert und zu einem Lichtball wird, der schließlich die ganze Welt umspannt.

Schritt 4: Einen spirituellen Medienraum schaffen

Jetzt, wo Ihr Geist bereit ist zu kommunizieren, müssen Sie ein Medium für die Botschaften Ihrer Führer schaffen. Dies ist dein Sehgefäß, und die Schaffung eines Kinos in deinem Geist ist der optimale Weg, um alle Arten von Botschaften zu fördern. Stellt euch eine riesige Kinoleinwand in eurem Geist vor und stellt euch eine Schnur vor, die sie mit dem Zentrum des Universums verbindet. Dies ist Ihre Erdungsschnur und gibt Ihnen ein Gefühl der Verbundenheit mit der Erde.

Versehen Sie nun Ihren Bildschirm mit Lautsprechern, die für den Ton verkabelt sind. Schließen Sie sie an und drehen Sie die Lautstärke auf, damit Sie die Audiobotschaften der Guides hören können. Sobald Sie vor Ihrem Bildschirm sitzen, stellen Sie Ihre Fragen und warten Sie auf die Antworten. Fordern Sie niemals, sondern fragen Sie einfach.

Lassen Sie Ihre Antworten ganz natürlich kommen und interpretieren Sie sie dann. Ist der Bildschirm mit Licht gefüllt? Können Sie etwas hören? Denken Sie daran, dass die Symbole und Botschaften, die Sie erhalten, von einem Ort der Wahrheit kommen. Die Geister werden niemals versuchen, Sie in die Irre zu führen, denn sie haben nur die besten Absichten für Sie.

Schritt 5: Freies Schreiben

Diese Technik wird oft von Schriftstellern angewandt, die eine Schreibblockade haben, und sie eignet sich auch hervorragend, um spirituelle Blockaden aufzulösen. Nimm einen Stift und Papier und beginne damit, deinen Führern für ihre Hilfe zu danken.

"Danke, mein spirituelles Team, für alles, was ihr für mich tut und für die Führung, die ihr mir im Leben zeigt. Ich erkenne euer spirituelles Mitgefühl und eure Liebe an, und ich lade euch ein, mich in diesem Tagebuch zu begleiten. Ich lade euch ein, mit mir zu schreiben und eure Energien mit mir zu teilen, indem ihr meine Hand führt und Korrespondenz erstellt."

Lassen Sie einfach Ihren Stift sprechen und erschaffen Sie das, was Ihr Geist oder Ihre Energie Ihnen sagt. Erforschen Sie Themen und Erfahrungen mit Worten, Bildern oder zufälligen Symbolen. Bearbeiten Sie Ihre Arbeit nicht; machen Sie einfach weiter. Stellen Sie sicher, dass Sie viel Papier haben, denn Sie müssen das Beste aus Ihren entfesselten geistigen Verbindungen machen. Haben Sie Spaß daran und lassen Sie Ihrem inneren Kind freien Lauf. Lassen Sie sich einfach treiben und zweifeln Sie nicht an sich selbst.

Durch Träume mit den Geistern in Verbindung treten

Dies sind zwar nur einige der populärsten Möglichkeiten, um mit Ihren Geistführern in Kontakt zu treten, doch die bei weitem effektivste Methode sind Ihre Träume. Bedenken Sie die Fakten. Es ist äußerst selten, dass sich Ihr Geist während des Tages nur einer einzigen Aufgabe widmet. Familienangelegenheiten, Arbeitsthemen und emotionale Bindungen werden alle um Ihre Aufmerksamkeit wetteifern, so dass es schwierig sein kann, den Kopf frei zu bekommen.

Wenn du jedoch schläfst, wird dein Geist entspannter und aufnahmefähiger. Wenn Sie in die Welt des Schlafes eintreten, erkennen die Geister, dass Sie für ihre Botschaften empfänglicher sind. Sie werden Ihnen in Ihrem Traum lebhafte Hinweise und Signale senden, die zu Ihnen sprechen werden. Verschiedene Bilder und Empfindungen haben für jeden Menschen eine andere Bedeutung, aber einige wiederkehrende Bilder haben gemeinsame spirituelle Interpretationen.

Die unten aufgeführten grundlegenden Bedeutungen werden Ihnen helfen zu verstehen, was die Geister Ihnen sagen, und Sie können sie dann auf Ihre besonderen Umstände und Bedürfnisse anwenden:

- **Fliegen:** Bei weitem die häufigste Art von Träumen. Wenn Sie davon träumen, durch die Lüfte zu schweben, ohne an Bord eines Flugzeugs zu sein, deutet dies auf Positivität hin. Die Geistführer gratulieren Ihnen zu Ihrer Kreativität und spirituellen Reife. Träume dieser Art sind ein spirituelles Schulterklopfen und zeigen, dass Sie auf dem richtigen Weg sind.

- **Strände:** Träumen Sie manchmal, dass Sie an einem Sandstrand liegen und die Wellen an Ihre Zehen klatschen? Dies ist ein positives Zeichen dafür, dass Sie mit

Ihrem spirituellen Team verbunden sind, denn es ist eine Darstellung des Ortes zwischen Himmel und Erde. Strände, die zu idyllisch erscheinen, um real zu sein, sind ein Zeichen dafür, dass sie dich hören und dir andere Zeichen senden, die dir helfen, dein Leben zu meistern.

- **Schule oder Prüfungen:** Wenn Sie davon träumen, eine Prüfung abzulegen oder einen Kurs zu besuchen, sagen Ihnen die Geister, dass es jetzt an der Zeit ist, Ihr Wissen zu erweitern. Das bedeutet, dass Sie Kurse besuchen sollten, die Sie beruflich und privat voranbringen. Diese Art von Traum bedeutet, dass Sie bereit sind, eine höhere Stufe der geistigen Reife zu erreichen. Notieren Sie sich während Ihres Traums, in welcher Klasse Sie sich befinden, denn das gibt Ihnen einen Hinweis darauf, wo Sie sich gerade befinden.

- **Ausfallende oder sich lösende Zähne:** Im natürlichen Leben kauen unsere Zähne unsere Nahrung und erleichtern deren Verdauung. In spiritueller Hinsicht deuten Probleme mit den Zähnen auf Probleme bei der Verdauung von Informationen hin. Die Geister sagen dir, dass du in deiner physischen Welt nach Orientierung oder Rat suchen sollst.

- **Schwanger sein oder gebären:** Sowohl Männer als auch Frauen können diese Träume haben. Sie sind das Symbol der Wiedergeburt und der Abkehr von der Vergangenheit. Das kann ein neuer Job sein, eine beginnende Beziehung oder ein Zeichen von Erfindungsreichtum. Eine Geburt ist eine der symbolträchtigsten Botschaften, die Sie erhalten werden.

- **Autoreisen:** Als erstes sollten Sie sich überlegen, wo Sie während der Fahrt sitzen. Sind Sie der Fahrer oder sind Sie der Beifahrer? Das Fahren ist ein Symbol für Führung und Autorität und signalisiert, dass Sie das Sagen haben. Sie haben Ihr Ziel klar definiert, und die Reise ist in vollem Gange. Beifahrer sind eher ein Zeichen dafür, dass Sie sich gerne von anderen führen lassen. Wenn Sie sich auf dem Beifahrersitz unwohl fühlen, ist das ein Hinweis darauf, dass Sie selbstbewusster werden und die Führung übernehmen müssen.

- **Fallen:** Wenn Sie davon träumen, ohne Halt zu fallen, ist das ein Signal, sich zu fangen. Sie sind dabei, die Kontrolle zu verlieren und brauchen etwas Ruhe in Ihrem Leben. Diese Art von Traum wird sich oft Nacht für Nacht wiederholen, bis Sie die nötige Ruhe gefunden haben.

- **Lähmung:** Wenn Sie träumen, dass Sie an einem Ort feststecken und nicht weiterkommen, ist das ein Zeichen dafür, dass dunkle Kräfte auf Sie einwirken. Wenn du nicht rufen oder sprechen kannst und die Welt an dir vorbeizieht, ist das ein Zeichen dafür, dass du in einem Trott feststeckst. Du musst weitermachen und deine kühnsten Träume erfüllen. Widerstand ist nicht immer etwas Schlechtes; er ist nur ein weiteres Hindernis, das dich dazu bringt, härter zu arbeiten.

- **Das Wetter:** Unterschiedliche Wettermuster sind ein klares Zeichen der Geister. Wenn du von Regen und stürmischen Ausbrüchen träumst, bedeutet das, dass du bald eine Flut von Botschaften von deinen Führern erhalten wirst. Sie spüren, dass du bereit und offen für ihre Mitteilungen bist. Gutes Wetter wie Sonnenschein, heller Himmel und eine leichte Brise bedeuten, dass sie bereits bei dir sind.

- **Nackt sein in der Öffentlichkeit:** Es kommt relativ häufig vor, dass Sie von Ihrer Nacktheit in der Öffentlichkeit träumen. Wenn diese Träume auftreten, sagen Ihnen die Geister, dass Ihre Unzulänglichkeiten Ihr Leben zu beherrschen drohen. Du bist in deinen Beziehungen nicht echt, und es ist an der Zeit, dein authentisches Selbst zu untersuchen und eine echte Seite deiner Persönlichkeit freizulegen.

- **Gejagt werden:** Wenn Sie verfolgt werden, ist es wichtig, darauf zu achten, wer der Verfolger ist. Wenn die Gestalt nicht identifiziert werden kann, deutet dies auf ein vergangenes Trauma und eine Kindheitserfahrung hin. Die Geister sagen Ihnen, dass Sie sich Hilfe holen sollen, um diese Einflüsse zu überwinden und weiterzugehen. Wenn die Gestalt, die Sie verfolgt, das andere Geschlecht ist, deutet dies darauf hin, dass Sie durch eine frühere Beziehung oder durch Ihren

Widerwillen, andere in Ihr Leben zu lassen, zurückgehalten werden. Wenn Sie von einem Tier gejagt werden, bedeutet das, dass Sie übermäßig vorsichtig mit Ihren Gefühlen sind. Es ist an der Zeit, dass Sie sich Ihren Leidenschaften, aber auch Ihren Ängsten stellen.

- **Träume über den Tod:** Diese Art von Träumen kann unglaublich beunruhigend sein, weil wir selten an unsere eigene Sterblichkeit und den Tod denken. Wenn Sie vom Tod eines geliebten Menschen träumen, der von uns gegangen ist, dann ist das eine direkte Mitteilung seines Geistes, die Ihnen sagen soll, dass er in der geistigen Welt glücklich und in Frieden ist. Wenn der Tod weniger spezifisch ist, bedeutet das, dass Sie Angst vor Veränderungen haben.

Einige Studien haben gezeigt, dass lebhafte Träume mit bedeutsamen Details und Bedeutungen auftreten, wenn die Menschen das Ende ihres Lebens erreichen. Die Geister nutzen Träume, um sie zu trösten und auf ihre Reise vorzubereiten. Träume können ein Zeichen für Veränderungen sein und sollten so detailliert wie möglich untersucht werden.

Ein Traumtagebuch hilft Ihnen, diese Zeichen und Botschaften aus der Geisterwelt zu analysieren. Wenn Sie aufwachen, notieren Sie die Einzelheiten Ihrer Träume so detailliert wie möglich.

- Wer kam in Ihren Träumen vor, und was taten sie?

- Zu welcher Jahreszeit war das, und wie war das Wetter?

- Wie haben Sie sich in Ihrem Traum gefühlt?

- Wie alt waren Sie in dem Traum?

- Wurde Ihr visuelles Erlebnis von Ton begleitet?

- Hatten Sie das Gefühl, dass es wirklich passiert ist, oder wussten Sie, dass es ein Traum war?

Je mehr Details Sie haben, desto relevanter werden Ihre Botschaften. Vergessen Sie nicht, dass Sie mit der Zeit immer besser werden und Ihre Träume immer klarer werden, je besser Sie sie deuten können. Vielleicht möchten Sie einen Traumexperten konsultieren und die Bedeutungen lernen, die er Ihren nächtlichen Botschaften zuordnet, um ein breiteres Wissensspektrum zu erhalten.

KAPITEL 3: WIE MAN BEI SPIRITUELLEN KOMMUNIKATIONEN SICHER BLEIBT

Populäre Medien und andere Formen der Unterhaltung beschäftigen sich schon seit Jahrzehnten mit dem Paranormalen und dem Erreichen der anderen Seite. Das Konzept der Kommunikation mit der Astralebene reicht jedoch weiter zurück als die Erfindung von Film und Fernsehen. Die Menschen versuchen schon seit Jahrhunderten, mit der "anderen Seite" in Kontakt zu treten, und haben daher einige wirksame Methoden entwickelt, um sich vor negativen Energien zu schützen.

Wenn Sie überlegen, sich zu schützen, bevor Sie die Hand ausstrecken, ist es wichtig zu verstehen, wovor Sie sich schützen wollen. Gibt es bösartige Geister da draußen? Natürlich gibt es sie. Schließlich urteilt die Geisterwelt nicht darüber, wer ihre Reiche betritt. Sogar Geister mit niedrigerer Energie und weniger entwickeltem spirituellem Erwachen spielen eine Rolle. Sie werden gebraucht, um zu Führern für diejenigen zu werden, die sie brauchen, denn sie folgen demselben Weg, den die Geister im Leben gegangen sind.

Menschen, die noch nicht bereit sind, ihren gesünderen Lebensstil aufzugeben, brauchen immer noch spirituelle Führung, und Geister mit weniger Energie werden diese Rolle erfüllen. Als eine erleuchtete Seele willst du jedoch nicht, dass sie ihre negativen Schwingungen in deine Welt bringen, also brauchst du Schutz.

Die besten Techniken, um sich vor negativen Energien zu schützen

Sie müssen sich vorbereiten, bevor Sie beginnen, Ihre Geistführer anzuziehen. Die Erfahrung kann überwältigend sein, wenn Sie nicht vollständig vorbereitet sind. Erdung, Zentrierung und Abschirmung sind drei der erfolgreichsten Methoden, um sicherzustellen, dass du nur Liebe und Kraft von deiner Geistgruppe erhältst.

Zentrierung

Verschiedene spirituelle Überzeugungen und Traditionen haben unterschiedliche Definitionen für die Zentrierung, so dass Sie die beste Technik für sich selbst finden müssen. Die Grundlagen sind in allen Lehren weitgehend gleich, also nutze sie, um dein eigenes Ritual zu schaffen, das die Bereiche abdeckt, die du brauchst.

Schritt 1) Schaffen Sie einen ruhigen Ort. Schalten Sie zu Hause alle elektrischen Geräte aus und schließen Sie die Türen ab. Wenn Sie sich im Freien aufhalten, achten Sie darauf, dass Sie nur durch den Wind und das Schwingen der Bäume gestört werden.

Schritt 2) Wählen Sie eine bequeme Sitzposition. Sie können sich hinlegen, aber manche Menschen schlafen auch in der Rückenlage ein.

Schritt 3) Atmen Sie tief ein und entspannen Sie sich. Konzentrieren Sie sich auf Ihre Atmung und verwenden Sie einen Chant, um Ihren Atem zu regulieren.

Schritt 4) Visualisieren Sie Energie. Sobald Ihre Atmung reguliert ist, ist es an der Zeit, ein Energiefeld zu schaffen. Reiben Sie Ihre Handflächen aneinander, als würden Sie versuchen, Ihre Hände zu wärmen, und ziehen Sie sie dann leicht auseinander. Sie werden ein Kribbeln spüren, das zwischen Ihren Handflächen knistert.

Schritt 5) Jetzt ist es an der Zeit, deine Gedanken zu erweitern. Stellen Sie sich vor, dass dieses Energiefeld um Ihren ganzen Körper herum wandert. Spüren Sie, wie es sich ausdehnt und zusammenzieht, während es um Sie herumwirbelt. Stellen Sie sich nun vor, dass es ein Energieball ist, der zwischen Ihren Händen hin und her fliegt und von einer Hand in die andere geworfen werden kann.

Sobald Sie diese Technik beherrschen, können Sie sie überall einsetzen. Sie sitzen im Bus fest oder sind in einer langweiligen Besprechung gefangen? Nutzen Sie diese Technik, um sich zu zentrieren und Ihr Inneres wieder zu beleben.

Erdung

Wenn Sie mit Geistern in Kontakt treten, treffen Sie auf Energieebenen, denen Sie auf der irdischen Ebene nur selten begegnen. Sich auf diese Begegnungen vorzubereiten ist einfach, aber wichtig. Erdung ist ein Prozess, bei dem Sie lernen, wie Sie Ihren Körper sicher und kontrolliert von überschüssiger Energie befreien können. Bei der Zentrierung geht es darum, Energie zu erzeugen, während es bei der Erdung darum geht, sie abzubauen.

Sie müssen lernen, wie Sie unerwünschte Energie loswerden können, ohne sie auf andere zu projizieren. Nach einem spirituellen Ritual oder einer spirituellen Verbindung fühlen Sie sich oft nervös und nicht mehr im Einklang mit der physischen Welt. Das liegt daran, dass du deine Energien verstärkt hast und sie deine Sinne beeinträchtigen.

Die Erdung ist recht einfach und erfordert nur wenige Übungseinheiten. Schließen Sie die Augen und konzentrieren Sie sich auf die Energie, die sich in Ihrem Solarplexus sammelt. Stellen Sie sich diese Energie als einen Ball aus Feuer und Licht vor, und drücken Sie sie in Ihre Hände. Stellen Sie sich nun vor, dass Sie Ihre Hände schütteln und die Energie Ihren Körper verlässt und auf den Boden schießt. Wählen Sie einen Gegenstand oder ein Gefäß, um die Energie zu bändigen und sicher aufzubewahren. Versuchen Sie es mit einem Eimer mit wütendem Sand, den Sie vor Ihre Tür stellen, wenn Sie das Bedürfnis haben, Ihre überschüssige Energie loszuwerden, projizieren Sie sie in den Eimer und halten Sie sie von Ihrem Haus fern.

Eine andere Methode besteht darin, die Energie durch die Beine in die Füße zu leiten. Stellen Sie sich einen abnehmbaren Stöpsel an Ihren Fußsohlen vor, an dem Sie ziehen können, um die Energie abfließen zu lassen. Sie fließt dann in den Boden, wo sie von der Natur aufgenommen wird. Manche Menschen finden es hilfreich, auf und ab zu springen, um das letzte Stück Restenergie loszuwerden.

Beide Techniken der Erdung profitieren von einer mündlichen Anfeuerung. Ein Ausruf wie "Fort mit euch, ihr lästigen Energien" hilft, die Übung mit Elan zu beenden. Natürlich können Sie auch Ihren eigenen Ausruf erfinden, um diese aufgestauten Energien freizusetzen.

Geistige Abschirmung

Abschirmung ist ein populärer Begriff, der in der metaphysischen Welt für Formen des Schutzes verwendet wird, und er umfasst viele verschiedene Methoden. Sie sollten so viele dieser Abschirmungstechniken anwenden, wie Sie möchten. Ihr Schutz steht an erster Stelle, und die Notwendigkeit, negative Energie fernzuhalten, ist wesentlich.

- Ein Energiefeld erzeugen

Wenn Sie während einer Erdungssitzung Energie ausstoßen, können Sie diese anders nutzen. Anstatt sie abzuwerfen, kannst du die überschüssigen Kräfte nutzen, um ein mächtiges Schild zu erschaffen, das dich vor bösartigen Geistern schützt. Wenn die Energie Ihre Fingerspitzen verlässt, stellen Sie sich vor, dass sie über Ihren physischen Körper fließt und eine Blase des Schutzes bildet. Wenn du das Äußere deiner Blase betrachtest, wirst du feststellen, dass sie reflektierend und undurchlässig ist. Dieses Schild wird Ihr ultimativer sicherer Ort sein, an dem nur hochrangige Geister zugelassen werden.

- Kristalle

Schutzkristalle sind eine großartige Möglichkeit, ein tragbares Schutzsystem einzusetzen. Schwarze Kristalle sind beeindruckend, wenn sie zur Bildung eines Schutzschildes verwendet werden, aber auch viele andere haben erstaunliche Schutzeigenschaften. Smaragde, Lapislazuli, klare Quarze und Tigeraugenkristalle sind alle leicht erhältlich und können unerwünschte Energien ablenken.

- Beschwörung der Schutzgeister

Jesus und seine Erzengel sind für Sie da. Das hat nichts mit Ihrer Religion oder Ihrem Glauben zu tun. Wir werden über die Erzengel in einem späteren Kapitel sprechen, aber Jesus wird Ihnen immer das Licht des Schutzes schicken, wenn Sie es brauchen. Denken Sie daran: Sie müssen nur darum bitten.

- Verspiegelter Schmuck

So wie Sie die schützenden Qualitäten Ihrer reflektierenden Oberfläche sehen, die Ihr Energiefeld bedeckt, können Sie Spiegel verwenden, um Negativität abzulenken. Legen Sie kleine Handspiegel um sich herum, um eine lichtbrechende Oberfläche zu schaffen. Tragen Sie einen verspiegelten Anhänger um Ihren Hals, um sich zusätzlich zu stärken.

- Abnabelung

Trotz der Schutzschichten, mit denen Sie sich umgeben, besteht die entfernte Möglichkeit, dass in Ihren persönlichen Raum eingedrungen wird. Sie müssen wissen, wie Sie Energien loswerden können, mit denen Sie sich nicht wohl fühlen. Das gilt nicht nur für Ihre spirituellen Verbindungen; manchmal werden negative physische Beziehungen Ihre Versuche, spirituell zu wachsen, beeinträchtigen.

Wie man ein Abnabelungsritual durchführt, um Negativität aus körperlichen Beziehungen zu entfernen:

Entscheiden Sie, wer aus Ihrem aurischen Feld entfernt werden muss. Das können Menschen aus Ihrer Vergangenheit sein, die sich immer noch in Ihre Gedanken einmischen und Ihnen Kummer bereiten. Es können auch Menschen sein, die sich in Ihrer gegenwärtigen Umgebung befinden und entfernt werden müssen. Erstellen Sie eine Liste aller Personen, die als negative Kraft gelten. Dazu gehören auch frühere Partner, die Ihnen Kummer bereitet haben oder Sie betrogen haben. Nehmen Sie auch Personen auf, die Sie in Ihrer Jugend missbraucht oder schikaniert haben, oder Personen an Ihrem Arbeitsplatz, die Sie nicht mit Respekt behandeln.

Rufen Sie nun die Geister und Ihren geistigen Führer an, damit sie Ihnen helfen, die ätherischen Stränge zu lösen, die Sie mit diesen Menschen verbinden. Nennen Sie sie und erklären Sie Ihre Absicht, Ihre Energien von ihren zu trennen. Sagen

Sie die folgenden Worte mit Kraft und Absicht oder formulieren Sie Ihre eigene Version, um die Geister anzusprechen:

"Ich zwinge meine liebevolle geistige Familie und alle begleitenden Engel und Führer, vorzutreten und mir zu helfen, die ätherischen Schnüre zu durchtrennen, die mich an (Name/n einfügen) binden. Ich vergebe ihnen und segne sie mit der Fähigkeit, in Frieden zu leben, und ich lasse sie frei, sich zu entfernen, was ich auch tun werde."

"Ich bitte dich, alle Energiefäden zu zerreißen und die Trümmer an einem kosmischen Ort zu transmutieren oder sie an die Person zurückzugeben, die sie zuerst erschaffen hat. Ich hege keinen Groll gegen (Name(n) einfügen) und wünsche ihnen spirituellen Frieden und bewusste Abkopplung."

Nach dem Ritual sollten Sie ein paar Minuten lang spüren, wie die Kräfte zu wirken beginnen. Manche Menschen werden sofort eine Veränderung ihres Energieniveaus feststellen, während andere länger brauchen. Wenn Sie das Ritual kurz vor dem Einschlafen durchführen, werden Sie möglicherweise bedeutsame und lebhafte Träume über die Menschen haben, von denen Sie sich abgenabelt haben. Dies wird das letzte Mal sein, dass diese Energien Teil Ihres Lebens sind. Denken Sie also daran, Ihren Engeln und Geistern am nächsten Morgen für ihr Eingreifen zu danken.

Wie man seinen Raum reinigt und heilig macht:

Wir alle müssen wissen, dass es einen Ort gibt, an dem wir uns letztlich sicher und geschützt fühlen. Das kann ein Zimmer, ein Platz im Garten oder ein einfaches Möbelstück sein. Dieser Ort ist der Ort, an dem Sie mit Ihren Geistern sprechen und ihnen Fragen stellen können. Sie wissen, dass Sie, wenn Sie Ihren heiligen Raum nutzen, dem Universum signalisieren, dass Sie sich engagieren und bereit sind, zu kommunizieren.

Ihr heiliger Raum sollte eine Oase in einer chaotischen Welt sein. Bringen Sie Vorräte mit, z. B. eine Decke, falls Ihnen kalt ist, und Getränke, falls Sie Durst haben. Ihr wisst nie, wie lange ihr dort sein werdet, denn unser Zeitplan bestimmt nicht die Geister, und die haben vielleicht eine Menge zu sagen!

Schaffen Sie einen Raum, der Elemente der Erde enthält. Das bedeutet, dass die Grundelemente Luft, Feuer, Wasser und Erde vertreten sind. Seien Sie phantasievoll und dekorieren Sie Ihren Raum mit Dingen, die ästhetisch ansprechend sind und Ihnen Freude bereiten.

Luft wird im Allgemeinen durch Federn, Windspiele oder einen Ventilator dargestellt. Platzieren Sie Ihre Gegenstände im Osten und verwenden Sie das auf dem Kopf stehende Dreieck mit einer horizontalen Linie, um die Verbindung weiter zu stärken.

Kerzen und andere Formen von Licht stehen für Feuer. Sie können auch Solarleuchten zur Sicherheit oder Räucherstäbchen verwenden, um eine Verbindung zu diesem besonderen Element herzustellen. Ein aufrechtes Dreieck ist ein repräsentatives Symbol für Feuer. Platzieren Sie Ihre Symbole im südlichen Teil Ihres Raumes.

Wasser ist das Element, mit dem man richtig Spaß haben kann. Muscheln, Meerwasser oder eine Schale mit heiligem, gesegnetem Wasser repräsentieren den Aspekt, den Wasser ins Leben bringt. Platziere deine Gegenstände im westlichen Teil deines Raumes.

Die Erde ist das Element, das uns trägt und einen Felsen für uns schafft. Stellen Sie dies dar, indem Sie Pflanzen oder Steine verwenden, um Ihren Raum zu dekorieren und zu schützen. Stellen Sie Ihre Gegenstände in den nördlichen Teil Ihres Raumes.

Führen Sie eine spirituelle Reinigung durch, indem Sie Ihren Raum räuchern. Getrocknete Kräuter, Salbei und Rosmarin eignen sich perfekt, um sie zu verbrennen und einen reinigenden Rauch in den Raum zu werfen.

Der Schlüssel zur Gestaltung Ihres heiligen Raums liegt darin, die Dinge nicht zu sehr zu verkomplizieren. Halten Sie ihn einfach und auf Ihre Bedürfnisse zugeschnitten. Ihr heiliger Raum gehört Ihnen. Lassen Sie nicht zu, dass andere ihn mit ihren Energien und ihrer Negativität verschmutzen.

KAPITEL 4: WARUM BRAUCHEN WIR GEISTFÜHRER?

Denken Sie an Ihr Leben: Von der Geburt über die Kindheit bis ins Erwachsenenalter hat niemand einen klaren Weg ohne Hindernisse. Jeder muss Entscheidungen treffen und traumatische Erfahrungen verarbeiten. Sicher, die Menschen, die uns umgeben, werden für uns da sein, aber es braucht eine höhere Kraft, die uns hilft und unterstützt. Manche Menschen glauben, dass sie mehrmals reinkarniert wurden und dies ihnen hilft, spirituell zu wachsen, während andere glauben, dass wir nur einmal hier sind und man das Beste aus seiner Zeit auf der Erde machen sollte.

Ganz gleich, welche Überzeugungen Sie haben, Sie werden von der geistigen Welt eine helfende Hand bekommen, ob Sie es wollen oder nicht. Diese Hilfe wird nur dann stärker, wenn Sie sie mit Ihren Absichten anheizen und sich bemühen, mit denen, die Ihre spirituelle Gruppe bilden, Kontakt aufzunehmen. Zu wissen, wann man dies tun sollte, kann umstritten sein, und manche Menschen werden versuchen, aus den falschen Gründen Kontakt aufzunehmen.

Es gibt verschiedene Gründe, warum Sie sich gezwungen fühlen, mit der geistigen Welt Kontakt aufzunehmen. Sie können dies durch ein Medium tun oder den Kontakt durch sich selbst initiieren. Welche Methode Sie auch immer wählen, wenn Sie es aus dem richtigen Grund tun, dann wird das Ergebnis lohnend und erfolgreich sein.

Die richtigen Gründe für die Verbindung mit der Geistigen Welt

- Sie haben einen geliebten Menschen verloren und haben das Bedürfnis, sich mit ihm zu verbinden. Vielleicht haben Sie noch etwas zu klären, oder der Verstorbene hat den Wunsch geäußert, nach seinem Tod mit Ihnen in Kontakt zu treten. Auch wenn dies wahrscheinlich der häufigste Grund für die Kontaktaufnahme mit den Geistern ist, heißt das nicht, dass es immer eine gute Idee ist. Versuchen Sie nicht, Rechnungen mit Verstorbenen zu begleichen. Nehmen Sie nur dann Kontakt auf, wenn Sie positive Erfahrungen machen wollen. Die Geisterwelt ist nicht der richtige Ort, um Groll und Streitigkeiten zu schüren, die nicht gelöst werden können.

- Sie haben schon immer gespürt, dass Sie eine Verbindung zur geistigen Welt haben. Menschen, die mit einer medialen Veranlagung geboren werden, wissen von klein auf, dass sie eine Gabe haben. Ihre Träume sind voller klarer Botschaften aus dem Astralreich, und sie haben auch im Wachzustand Begegnungen mit Geistern. Einen Blick auf einen Verstorbenen zu erhaschen, ist ein deutliches Zeichen dafür, dass man die Fähigkeit besitzt, die Kluft zwischen der Welt der Lebenden und dem Reich der Geister zu überbrücken.

- Wenn Sie Dinge gesehen haben, die nicht alltäglich sind, kann das ein Zeichen dafür sein, dass die geistige Welt mit Ihnen in Kontakt treten möchte. Federn, die aus dem Nichts auftauchen, oder Schmetterlinge im tiefsten Winter sind nur einige Beispiele für geistige Kommunikation. In deinem Herzen wirst du wissen, wann der richtige Zeitpunkt gekommen ist; schließlich haben die Geister eine gewisse Kontrolle über das, was dir dein Bauchgefühl sagt.

- Die moderne Gesellschaft und die Welt, in der Sie leben, werden immer hektischer und überwältigender. Die Suche nach einem friedlicheren Leben ist ein triftiger Grund, sich mit Ihrer spirituellen Gruppe zu verbinden. Sie sollten sich einen heiligen Ort schaffen, an den Sie sich zurückziehen können, um die Schnelllebigkeit Ihres Lebens zu vergessen und einen Ort zu besuchen, der von Harmonie, Frieden und Liebe erfüllt ist. Manche Menschen ziehen sich in die Natur zurück, wenn ihnen alles zu viel wird; Sie werden sich in die ultimative Natur im Astralbereich zurückziehen.

Die falschen Gründe für die Suche nach einer Verbindung mit der Geisterwelt

Wann immer es gute Gründe gibt, etwas zu tun, muss es auch schlechte Gründe geben. Die Verbindung mit den Geistern ist nicht anders. Die populären Medien sind seit Jahrzehnten besessen von Medien, Exorzisten, bösen Geistern und dem Rest. Sie füllen die Köpfe der Öffentlichkeit mit Fehlinformationen, und ihre Bilder können Menschen dazu bringen, sich aus den falschen Gründen mit dem Übernatürlichen zu beschäftigen.

Die Kommunikation mit der anderen Seite ist eine Möglichkeit, die jedem offen steht, aber bestimmte Grenzen sollten nicht überschritten werden. Dies ist ein ernstes Thema und sollte nicht leichtfertig oder aus einer Laune heraus angegangen werden. Jede Verbindung ist ein heiliges und mächtiges Band, das respektiert werden sollte. Die Geister sind nicht dazu da, ein Spielball der Menschen zu sein; sie sind für einen höheren Zweck da.

- Sie sind unvorbereitet. Niemand wacht eines Morgens auf und beschließt spontan, dass er spirituell ist und sich mit einer höheren Macht verbinden möchte. Vor jedem Beispiel für die wahre Absicht gibt es einen Aufbau, und das braucht

Zeit. Sie sollten niemals ohne die richtige Vorbereitung und eine starke Form des Schutzes mit der Kommunikation beginnen.

- Es wird als Teil der Unterhaltung bei einem geselligen Beisammensein verwendet. Wie viele Geschichten über Ouija-Bretter, die bei Pyjamapartys verwendet werden, haben Sie schon gehört? Ist es jemals gut ausgegangen? Nein, und das wird es auch nie. Eine Séance auf einer Party zu veranstalten, ist auch keine gute Idee. Spirituelle Kommunikation basiert auf Energien. Stellen Sie sich also vor, was für ein Strudel von Energien bei einem geselligen Beisammensein entstehen kann, bei dem Menschen trinken, mit Fremden verkehren oder sich von bösen Geistern erschrecken lassen wollen. Sie haben keine Kontrolle über die Absichten oder Emotionen anderer Menschen, also könnten Sie sich selbst in Gefahr bringen.

- Du wurdest herausgefordert, mitzumachen. Wenn jemand Sie unter Druck setzt, kann es leicht passieren, dass Sie schlechte Entscheidungen treffen, was manchmal in Ordnung ist, aber nicht in dieser Situation. Lassen Sie Ihr Ego nicht die Oberhand gewinnen; gehen Sie weg, wenn Sie sich unwohl fühlen, und fühlen Sie sich nie unter Druck gesetzt, mitzumachen. Verlassen Sie die anderen oder bleiben Sie und reden Sie es ihnen aus; die Entscheidung liegt bei Ihnen. Wie auch immer Sie sich entscheiden, Sie sind nur für Ihre persönliche Sicherheit verantwortlich, und das sollte Ihre Priorität sein.

- Im Fernsehen und in Filmen sieht es cool aus. Wenn dies Ihr Hauptgrund für die Kontaktaufnahme mit der Geisterwelt ist, wird es wahrscheinlich nicht funktionieren. Sehen Sie sich wieder Filme und Serien über Geister an und lassen Sie es dabei bewenden. Wenn Sie wirklich von etwas auf dem Bildschirm inspiriert worden sind, dann werden Sie Ihre Nachforschungen anstellen und das Thema ernst nehmen.

Nachdem wir nun die Gründe für Ihre Entscheidung für oder gegen eine Verbindung festgelegt haben, ist es an der Zeit, einige einfache Regeln zu beachten. Wenn Sie geistig und körperlich auf die Verbindung vorbereitet sind, sollten Sie sich an diese Liste halten, bevor Sie beginnen:

- Schütze dich selbst. Eine grundlegende Form des Schutzes besteht darin, dass Sie Ihr spirituelles Team einladen, sich Ihnen anzuschließen. Du bist ihnen vielleicht noch nicht begegnet, aber sie sind da.

- Kleiden Sie sich angemessen. Halten Sie Ihre Kleidung leicht und kühl, damit sie Sie nicht ablenkt. Sie müssen sich auf Ihren geistigen Zustand konzentrieren, und das Herumfummeln an Trägern oder Ärmeln lenkt nur Ihre Gedanken ab und mindert Ihre Absicht. Eine bequeme Freizeithose und ein Baumwoll-T-Shirt sind perfekt.

- Bereiten Sie sich im Vorfeld auf die Begegnung vor. Schreiben Sie einen Brief an Ihren Geistführer. Schreiben Sie, was Sie zu erreichen hoffen und wie sehr Sie sich auf die Begegnung mit ihm freuen. Wenn Sie diese Art der Kommunikation nutzen, können Sie Ihre Erwartungen an die Begegnung genauer formulieren.

- Fragen Sie, wie der Geist genannt wird. Wenn Sie mit ihnen kommunizieren, ist das ein Gespräch in beide Richtungen. Die Menschen machen oft den Fehler zu glauben, die Geister seien dazu da, ihnen zu sagen, was sie tun sollen, wie sie es tun sollen und warum. Sie sollten ein umfassendes und offenes Gespräch erwarten, wie Sie es auch in Ihren physischen Beziehungen tun würden. Nur weil sie Geister sind, bedeutet das nicht, dass sie Ihnen überlegen sind. Behandeln Sie sie als Ihre Zeitgenossen und lassen Sie Ihre Ideen an ihnen abprallen.

- Verwenden Sie die richtigen Werkzeuge, um Ihre Verbindungen zu stärken. Hilfsmittel wie Tarotkarten, Pendel und automatische Schreibgeräte funktionieren nicht bei jedem, aber Sie werden es nie erfahren, wenn Sie es nicht versuchen. Werkzeuge helfen Ihnen, Ihre Absichten zu fokussieren.

Nun zu den "Don'ts"! Sie müssen diese Punkte beachten, denn es gibt niedere Geister, denen Sie nicht begegnen wollen, daher müssen Ihre Absichten korrekt und rein sein:

- Verwenden Sie keine Hilfsmittel, die Sie ansprechen, nur weil Sie sie im Fernsehen oder in Filmen gesehen haben. Ouija- oder Geisterbretter sind für Anfänger nicht geeignet, da ihre Verwendung gefährlich sein kann. Wenn Sie traditionellere, gesunde Hilfsmittel verwenden, sind Sie sicher, während ein Ouija-Brett Negativität und schlechte Energien in Ihren Raum eindringen lassen könnte.

- Erwarten Sie keinen Schnickschnack von Ihrer Begegnung. Vielleicht haben Sie Glück und sehen Ihren Geistführer in einer physischen Form, oder Sie bekommen nur eine Essenz Ihres Geistes. Das kann ein subtiler Geruch oder ein Gefühl sein, das anzeigt, dass er bei Ihnen ist. Wie bei allen Dingen, die es wert sind, getan zu werden, wirst du mit der Zeit besser werden. Seien Sie nicht desillusioniert oder entmutigt, wenn Ihr Geist nicht so zugänglich ist, wie Sie es sich wünschen. Denken Sie daran, dass sie ihre Energien einsetzen müssen, um zu kommunizieren, und dass Sie bei diesem Prozess Geduld haben müssen.

- Machen Sie nicht weiter mit einer spirituellen Begegnung, wenn sich etwas komisch anfühlt. Hören Sie auf Ihre Intuition und seien Sie darauf vorbereitet, sich zurückzuziehen. Sie können sich unbegrenzt oft auf die Astralebene begeben, es schadet also nicht, sich zurückzuziehen, wenn Sie sich überfordert fühlen.

- Erzwingen Sie keine Themen. Dies ist eine fließende Form der Kommunikation, und Sie sollten darauf vorbereitet sein, mit dem Strom zu schwimmen. Vielleicht haben Sie bestimmte Absichten, doch die Botschaften, die Sie erhalten, sind anderen Bereichen Ihres Lebens gewidmet. Glauben Sie nicht, dass die Geistführer Ihre anfänglichen Anliegen absichtlich ignorieren; sie erkennen wahrscheinlich, dass andere Bereiche Ihres Lebens dringendere Aufmerksamkeit erfordern, bevor Sie weitergehen können.

- Kommen Sie nicht mit vorgefassten Meinungen. Wenn Sie Ihre spirituelle Reise mit einer vorgefassten Meinung darüber beginnen, was passieren wird und wie sich Ihr Leben über Nacht verbessern wird, könnten Sie enttäuscht werden. Die

Geister stehen hinter Ihnen, aber sie sind nicht der Weg zu materiellem Reichtum oder Erfolg, es sei denn, Sie haben es verdient. Wenn du einen Geist bittest, dir die Lottozahlen der nächsten Woche zu sagen, zeigst du nur Respektlosigkeit und Spott für ihre Welt.

- Gehen Sie nicht auf Konfrontation mit Ihren Geistführern. Das mag im Fernsehen cool aussehen und unterhaltsam sein, aber in Wirklichkeit ist es nur ein Vorwand für Ärger. Ja, Sie können Fragen stellen, aber einen Geist zu verspotten oder zu ärgern, wird nie gut ausgehen. Auch hier gilt, dass Sie Ihr Team mit Liebe und Respekt behandeln müssen.

Jetzt haben Sie ein umfassenderes Verständnis davon, was Sie von spirituellen Begegnungen erwarten können; Sie sind in der perfekten Verfassung, um zu entscheiden, was als nächstes zu tun ist. Sollten Sie selbst beginnen, mit den Geistern zu kommunizieren, oder sollten Sie zuerst die Fachleute konsultieren?

Wenn Sie sich für ein Medium entscheiden, vergewissern Sie sich, dass es seriös ist und überprüfbare Referenzen vorweisen kann. Möchten Sie Botschaften über Ihre Zukunft und die Richtung, die Sie einschlagen sollen? Dann sollten Sie eher einen Hellseher als ein Medium wählen.

Auch der Preis sollte berücksichtigt werden. Die meisten Medien sind mehr an ihren Themen interessiert als an den finanziellen Aspekten, aber sie müssen ihren Lebensunterhalt verdienen. Wählen Sie ein Medium, das einen angemessenen Stundensatz auf der Grundlage seiner Erfahrung angibt. 50-60 Dollar pro Stunde sind für erfahrene Medien mit einer guten Erfolgsbilanz in etwa richtig.

KAPITEL 5: GEISTIGE ZEICHEN UND WIE MAN SIE DEUTET

Haben Sie schon einmal bemerkt, dass in Ihrem Leben zufällig Dinge auftauchen, die Ihnen ein gutes Gefühl geben? Sie können nicht genau sagen, warum Sie sich besser fühlen, Sie tun es einfach. Wahrscheinlich kommunizieren Ihre geistigen Führer mit Ihnen, weil sie spüren, dass Sie sie brauchen.

Hier sind einige der häufigsten Arten, wie die Geister mit uns kommunizieren, und was sie uns sagen:

Federn

Haben Sie sich jemals gefragt, warum die Ureinwohner bunte Federn als Teil ihrer traditionellen Kleidung tragen? Warum malen sie Bilder von Federn an ihre Wände und binden sie in ihre Rituale ein? Viele Kulturen glauben, dass Federn für die Geister eine wichtige Möglichkeit sind, mit uns zu kommunizieren, und dass sie eine wichtige Botschaft aus dem Universum zu übermitteln scheinen.

Eine Feder zu finden, ist ein magischer Moment, und sie steht für Freiheit und die Fähigkeit, sich über die physische Welt zu erheben. Wenn du eine Feder als Zeichen erhältst, kann das viele verschiedene Dinge bedeuten. Haben Sie unbewusst um Hilfe gebeten, oder ist die Feder einfach aus heiterem Himmel aufgetaucht? Woher wissen Sie, ob es ein Zeichen ist oder nur etwas, das ein Vogel abgeworfen hat?

Wahrscheinlich erscheint die Feder an einem ungewöhnlichen Ort und direkt vor Ihnen. Diese Art von Zeichen erscheint oft an der Tür deines Hauses oder auf einem Kleidungsstück. Du wirst wissen, wann ein magisches Zeichen gesendet wird, weil es Gefühle hervorruft.

Was bedeuten die Farben der Federn?

Weiß

Jemand wacht über Sie. Dein Schutzengel schickt dir oft eine weiße Feder, um dich wissen zu lassen, dass er hinter dir steht. Weiß steht für eine Form des Schutzes von oben und wird dir Freude und Liebe bringen. Weiße Federn sind auch mit der Mondenergie verbunden, die dir ein Gefühl der Reinheit und des Friedens vermittelt.

Rot

Dies ist die Farbe des Wurzelchakras und steht für Leidenschaft und Energie. Die Geister schenken dir den Mut und die Vitalität, um dich durch schwierige Zeiten zu bringen. Rote Federn erscheinen, um Ihnen zu zeigen, dass Sie in Zukunft Glück haben werden. Rot ist auch die Farbe der Liebe, also sagen dir deine Geister, dass deine Beziehung in Ordnung sein wird, vorausgesetzt, du bringst Energie und Leidenschaft mit.

Blau

Diese Farbe ist repräsentativ für das Halschakra. Die Geister sagen dir, dass du deine Wahrheit sagen und gehört werden sollst. Sie senden dir ein Zeichen, dass du dich selbst mehr wertschätzen und weniger negativ über dich denken sollst.

Gelb

Dies ist die repräsentative Farbe des Solarplexus-Chakras. Gelbe Federn sind ein Zeichen für Weisheit und eine Verbindung zu den Sonnenenergien, und die Geister segnen dich mit Weisheit und Freude, während sie dich daran erinnern, dass du ein bisschen zu ernst sein kannst. Lass dich auf deine spielerische Seite ein und sei fröhlicher. Manchmal verstrickt man sich in tiefgründige Dinge und vergisst, loszulassen und das Leben zu genießen.

Grün

Dies ist die Farbe des Herzchakras. Als solche steht sie für Liebe, Gefühle und Beziehungen. Sie steht für eine Zeit der Fruchtbarkeit und der Geburt. Grün signalisiert auch, dass die heilenden Kräfte der Natur auf dich aufpassen und du dich mit lebenden Organismen und der Flora verbinden solltest.

Orange

Dies ist die Farbe des Sakralchakras, und sie steht für Schöpfung und Energie. Die Geister weisen auf deine sexuellen Energien hin, und deine Anziehungskraft wird sich bald verstärken. Du wirst auf starke körperliche Liebe und Energie treffen. Stellen Sie sicher, dass Sie jede Chance nutzen, sich mit einer positiven, komplementären Kraft der Natur zu verbinden.

Rosa

Diese farbige Feder soll dich daran erinnern, dass die Geister immer für dich da sind. Sie haben bedingungslose Liebe und Freundschaft, auf die du dich verlassen kannst, egal was passiert. Das Universum schickt dir ein Zeichen, dass du mit seiner Liebe und Unterstützung gesegnet bist.

Gray

Dies ist die Farbe des Glaubens. Die Geister sagen dir, dass du an dich selbst glauben und wissen sollst, dass selbst das lästigste Problem mit der Zeit gelöst werden wird. Ein Paar graue Federn bedeutet, dass sie die Traumata erkennen, die du gerade durchmachst, und dass sie an einer Lösung arbeiten. Halten Sie durch und seien Sie sicher, dass bessere Zeiten vor Ihnen liegen.

Lila

Dies ist die Farbe des Kronenchakras, das dein zentrales Bewusstsein bildet. Eine lila Feder soll dich daran erinnern, wie sehr du mit deinem spirituellen Selbst verbunden bist. Sie bedeutet auch, dass du bereit bist, deine Verbindungen zu verbessern und auf eine höhere Ebene aufzusteigen.

Braun

Die Farbe der Erde. Eine braune Feder ist ein Zeichen dafür, dass du dich erden und deinen Sinn für Heimat verbessern solltest. Vielleicht vernachlässigen Sie unbewusst Ihre Familie und vergessen, Ihre Freundschaften zu pflegen. Eine braune Feder ist eine sanfte Erinnerung daran, deine Wurzeln zu respektieren und ihnen die Aufmerksamkeit zu schenken, die sie verdienen.

Schwarz

Die Farbe Schwarz wird oft missverstanden, wenn es um spirituelle Bedeutungen geht. Sie kann zwar eine ernste Warnung der Geister sein, ist aber auch ein Zeichen des Schutzes durch das Universum. Eine glänzende schwarze Feder steht für die Geister, die dir ein Lob für deine spirituelle Entwicklung aussprechen. Sie wird geschickt, um Ihnen zu Ihren Fortschritten zu gratulieren und Sie daran zu erinnern, dass Ihre Suche nach spiritueller Erkenntnis auf einem guten Weg ist.

Wenn Ihnen das nächste Mal eine Feder geschickt wird, denken Sie daran, sich zu bedanken. Halten Sie inne und sprechen Sie ein Gebet oder ein herzliches Dankeschön an das Universum für ihre Botschaft. Bewahren Sie Ihre Federn an einem heiligen Ort wie einem Altar auf oder stellen Sie sie so auf, dass sie sichtbar sind. Sie sollen bewundert werden und erinnern Sie daran, dass Ihre Geister immer bei Ihnen sind.

Andere wichtige Anzeichen dafür, dass die Geister mit Ihnen kommunizieren

1) Plötzlich kommt eine Brise auf.

Haben Sie schon einmal einen Hauch von frischer Luft an einem ansonsten ruhigen Tag gespürt? Ein sanftes Streicheln der Luft bedeutet, dass die Geister Sie mit einer ruhigen Erinnerung daran segnen, dass sie für Sie da sind. Wenn Sie dieses Gefühl spüren, schauen Sie sich um und prüfen Sie, ob irgendetwas anderes von der Brise beeinflusst wird. Bewegen sich die Blätter oder sind es nur Sie? Diese Art des Kontakts ist eines der tröstlichsten Zeichen; nehmen Sie es an und lassen Sie sich erheben.

2) Plötzlich erscheint Musik, die für Sie eine besondere Bedeutung hat.

Wir alle haben spezielle Lieder, die uns an bestimmte Zeiten und Gefühle erinnern. Wenn das Universum versucht, uns Trost zu spenden, schickt es uns ein Lied, das uns an bessere Zeiten erinnert. Lieder, die sich auf deine Situation beziehen, sind ein üblicher Weg für Geister, uns Botschaften zu schicken.

3) Besucher aus der Natur

Die Geister sind besonders gut darin, die Kräfte der Natur zu nutzen, um uns auf der Erde zu informieren. Schmetterlinge, Schwalben, Adler, Füchse und Eulen sind ebenso wie unzählige andere Tiere mit Bedeutungen durchdrungen. Wenn Sie einer Naturkraft an einem ungewöhnlichen Ort begegnen, wird Ihnen eine Botschaft übermittelt, die Sie trösten und Ihnen Freude bringen soll.

4) Sie treffen sich mit jemandem aus Ihrer Vergangenheit

Die Geister lieben es, vergangene Verbindungen zu nutzen, um ihre Botschaften zu übermitteln. Wenn du jemanden triffst oder einen Anruf von einer Person erhältst, die du seit Jahren nicht mehr gesehen hast, solltest du das Gespräch aufmerksam verfolgen. Sie werden Ihnen zweifellos einige wichtige Dinge zu sagen haben. Nehmen Sie die Informationen zur Kenntnis und handeln Sie danach.

5) Sie haben das Gefühl, dass Sie jemand beobachtet

Dies ist ein häufiges Gefühl bei denjenigen, die ihre Wünsche aktiv manifestieren. Die Geister lieben es, dir ein physisches Gefühl ihrer Anwesenheit zu geben, indem sie ein Gefühl des Schutzes erzeugen. Wenn Sie eine Verbindung mit dem Universum herstellen, erinnert es Sie gerne daran, dass es ein Auge auf Sie wirft.

6) Ratschläge aus zufälligen Quellen

Haben Sie schon einmal den Fernseher oder das Radio eingeschaltet und waren über das Thema der Sendung erstaunt? Sie schalten zufällig ein Finanzberatungsprogramm ein, wenn Sie in Geldnöten sind, oder stoßen zufällig auf eine Werbung für finanzielle Hilfe. Plakatwände, Medien und andere zufällige Quellen können Botschaften von den Geistern enthalten. Manche nennen das einen Zufall, während andere erkennen, dass es sich um eine Vorsehung von oben handelt.

7) Unerwartete Geschenke aus zufälligen Quellen

Sind Ihnen in letzter Zeit gute Dinge widerfahren? Erleben Sie eine Reihe von Tagen, an denen alles so läuft, wie Sie es sich wünschen? Raten Sie mal! Die Geister sagen dir, dass du das Allerbeste verdienst. Sich glücklich und gesegnet zu fühlen, ist ein großes Geschenk der Geister. Denken Sie daran, ihnen für ihre Interventionen zu danken und die Geschenke anzuerkennen, die sie Ihnen gemacht haben.

8) Die Synchronizität der Zahlen

Das alltägliche Leben ist voller numerischer Begegnungen. Man bezahlt Rechnungen, kauft ein, schaut auf die Uhrzeit und das Datum, und jede Begegnung bietet den Geistern die Möglichkeit, zu kommunizieren. Die Numerologie ist ein wirkungsvolles Mittel, um zu interpretieren, was diese Botschaften Ihnen sagen. Deshalb ist es wichtig, die Bedeutung der Zahlen zu verstehen.

Die spirituelle Bedeutung der Zahlen

1) Die Zahl Eins steht für Unabhängigkeit und Kreativität. Diese Zahl sagt aus, dass du eher ein Anführer als ein Mitläufer bist und dass du ein freier Geist bist. Wenn sich die Zahl wiederholt, bedeutet das, dass sich ein spirituelles Tor öffnet, durch das du dich mit dem Universum verbinden und dich mit seiner Hilfe zu deinem maximalen Potenzial entwickeln kannst.

2) Die Zahl Zwei steht für das Vorhandensein von männlicher und weiblicher Energie. Sie signalisiert Harmonie und Gleichgewicht, und wenn sie wiederholt wird, bedeutet das, dass sich dein Leben an einem harmonischen Ort befindet. Die Geister sagen dir, dass deine Wünsche und Manifestationen kurz vor der Verwirklichung stehen.

3) Die Zahl Drei steht für den Geist, den Körper und die Seele. Die Geister versichern dir, dass du bereit bist, zu wachsen und dich auszudehnen. Wenn sich die Zahl wiederholt, signalisiert sie die Abwesenheit von Konflikten und gibt dir grünes Licht, an deiner Spiritualität zu arbeiten.

4) Die Zahl Vier wird mit innerer Stärke und Wohlstand assoziiert. Mehrere Vieren bedeuten, dass du in geschäftlichen Angelegenheiten und bei der Schaffung von etwas Nützlichem für andere erfolgreich sein wirst.

5) Die Zahl Fünf ist ein Symbol für Freiheit und Glück. Mehrere Fünfen signalisieren, dass eine Veränderung bevorsteht, und die Geister sagen dir, dass du dich auf eine Welle des Positiven in deinem Leben vorbereiten sollst.

6) Die Zahl sechs ist ein Hinweis darauf, dass du bescheidener sein solltest. Die Geister lieben dein Selbstvertrauen, aber sie sagen dir, dass du es zügeln und etwas mehr Bodenhaftung haben sollst. Wiederholte Sechsen bedeuten, dass sie dich ermutigen, auf deine innere Stimme zu hören und deinen Verstand zu benutzen.

7) Die Zahl Sieben steht im Zusammenhang mit geistiger Gesundheit und Erleuchtung. Die Geister werden wiederholte Beispiele von Sieben verwenden, um dich daran zu erinnern, an deiner spirituellen Entwicklung und deinem Bewusst-

sein zu arbeiten. Die dreifache Sieben ist ein starkes Zeichen dafür, dass sich Glück, Erfolg und sogar Wunder auf deinen Weg machen.

8) Die Zahl Acht steht für den soliden, verlässlichen Teil von dir. Wiederholte Achten sind ein Zeichen dafür, dass deine universelle Energie am besten zur Verbesserung praktischer Angelegenheiten, wie z.B. deiner Finanzen, eingesetzt werden kann. Die dreifache Acht steht für einen natürlichen Fluss von Reichtum und Wohlstand.

9) Die Zahl Neun steht für Vollendung. Wenn du diese Zahl oder ein Vielfaches von neun siehst, ist das ein Zeichen dafür, dass du etwas abgeben musst. Du musst einen Bereich deines Lebens loslassen, damit andere wachsen können. Die doppelte Neun ist ein Signal des Universums, darüber nachzudenken, wie Sie anderen dienen können. Jedes Vielfache der Neun ist ein Hinweis darauf, dass ein Kapitel abgeschlossen wird und dass man Mitgefühl braucht.

KAPITEL 6: ERZENGEL

Wer sind Erzengel?

Nicht zu verwechseln mit Schutzengeln, sind diese Himmelskörper eine direkte Verbindung zu den himmlischen Mächten. Wenn Sie Christ sind, ist dies das Wesen, das Sie als Gott kennen, und wenn Sie anderen religiösen Gruppen angehören, sind sie mit dem höchsten Geist oder der höchsten Gottheit in Ihrem Glaubenssystem verbunden.

Trotz ihres herausgehobenen Status ist es nicht schwer, sie anzusprechen. Sie sind da, um zu helfen, und werden Ihre Mitteilungen begrüßen. Sie können sie bitten, in Ihr Leben einzugreifen, indem Sie zu ihnen beten und sie in Gedanken um ihre Hilfe bitten. Sie können sich mit ihnen mündlich unterhalten oder ihnen einen Brief schreiben, in dem Sie Ihre Absichten mitteilen. Seien Sie darauf vorbereitet, dass eine große Kraft in Ihr Leben treten wird, wenn Sie die Erzengel anrufen.

Wie andere spirituelle Führer auch, hat jeder der Erzengel eine bestimmte Aufgabe und ein bestimmtes Gebiet, auf das er sich spezialisiert hat. Das bedeutet nicht, dass du dich nicht mit allgemeineren Themen an sie wenden kannst, aber wenn du ihre Stärken verstehst, hast du eine bessere Chance, die Antworten zu finden, die du brauchst. Sie können dir mit ihrer Weisheit helfen und werden sich für dich einsetzen, wenn du sie brauchst.

In der Bibel werden den Erzengeln immense Kräfte zugeschrieben, und sie sind für die Leitung der niederen Engel zuständig. Wenn Sie ein Kraftpaket der geistigen Welt brauchen, dann rufen Sie diese einflussreichen Mitglieder der Astralwelt an.

Was stellen die verschiedenen Erzengel dar?

Als Erstes muss man verstehen, dass die meisten Darstellungen der Erzengel sie als ein bestimmtes Geschlecht darstellen. In Wahrheit nehmen sie das Geschlecht an, das der Situation entspricht.

Erzengel Gabriel

Der Name Gabriel bedeutet "Gott ist meine Stärke", was einen Hinweis auf die Macht dieses Erzengels gibt, die er ausübt. Er ist der oberste Bote und wird dir helfen, wenn du Schwierigkeiten hast, klar mit deinem spirituellen Team zu kommunizieren. Rufen Sie ihn an, um Botschaften von oben klarer zu interpretieren, und lassen Sie sich von seiner Macht und Liebe segnen.

Erzengel Michael

Dieser Kriegerengel wird oft mit Schwert und Schild dargestellt. Er ist der ultimative Beschützer und wird für dich kämpfen, wenn du psychischen Angriffen ausgesetzt bist. Wenn Sie Drachen haben, die erschlagen werden müssen, sollten Sie Michael an Ihrer Seite haben. Er ist der mächtigste Engel im himmlischen Reich, und am Tag des Gerichts wird es seine Aufgabe sein, alle menschlichen Seelen auf die Waage der Gerechtigkeit zu legen.

Erzengel Raphael

Sein Name bedeutet "der Heilende". Wenden Sie sich also an Raphael, wenn Sie mit Krankheit oder Unwohlsein zu tun haben. Er kümmert sich um alle Arten von Krankheit und Leiden in körperlicher, emotionaler und geistiger Form. Er ist voller Mitgefühl und Trost und wird dir zu Hilfe kommen, wenn du Trost und Pflege brauchst.

Erzengel Ariel

Die Löwin Gottes. Lass diese mächtige Kraft in dein Leben, wenn du von Umweltfragen betroffen bist. Ariel ist eine Verfechterin der Natur und wird dir helfen, mit deinen Sorgen über ökologische Angelegenheiten und verletzte Tiere umzugehen. Sie ist die ultimative Öko-Kriegerin, und ihre Macht wird dir die Kraft geben, dich für eine bessere Welt einzusetzen.

Erzengel Haniel

Ihr Name bedeutet die Freude Gottes. Rufe sie an, wenn du Hilfe brauchst, um dich mit deinem höheren Selbst zu verbinden. Sie ist für den Schutz deiner Seele verantwortlich, also rufe ihre Kräfte an, wenn du dich innerlich verletzt fühlst und Heilung brauchst. Sie wird dir helfen, destruktive und schädliche emotionale Schwankungen zu heilen und zu überwinden.

Erzengel Metatron

Der Engel des Lebens Metatron ist für den Baum des Lebens zuständig. Zu seinen Aufgaben gehört es, die guten Taten der Menschen aufzuzeichnen und Kindern zu helfen, erwachsen zu werden. Wenn du deine potenziellen übersinnlichen und spirituellen Gaben erforschen willst, wende dich an Metatron und bitte ihn um Hilfe bei der Entwicklung deiner Fähigkeiten. Wenn Sie eine wichtige Entscheidung zu treffen haben, rufen Sie Metatron an, um sich beraten zu lassen.

Erzengel Jophiel

Sie ist als die Schönheit Gottes bekannt und wird besonders mit Kreativität und künstlerischen Talenten in Verbindung gebracht. Sie hat eine kraftvolle Schwingung und wird denen, die in Aufruhr sind, Ruhe bringen. Nutze sie, um Freude in dein Leben zu bringen, wenn du dich negativ oder traurig fühlst.

Erzengel Muriel

Ihr Name bedeutet das Parfüm Gottes. Sie bringt Mitgefühl und Liebe zu denen, die es brauchen. Muriel hilft jedem, der sie braucht, und wenn Sie erst einmal die Verbindung hergestellt haben, werden Sie das Gefühl haben, einen neuen Freund gefunden zu haben. Rufe sie an, wenn du emotionale Unterstützung brauchst.

Erzengel Uriel

Der Engel der Weisheit. Er wird dir in dunklen Zeiten ein Licht sein. Seine Weisheit und Einsicht helfen dir, deine Wahrnehmungen zu entwickeln und deine Probleme zu lösen. Er ist einer der erleuchteten Seraphim, was bedeutet, dass er eine direkte Verbindung zum Schöpfer hat und dir helfen kann, Verbindungen mit der geistigen Welt herzustellen.

Erzengel Azrael

Der Engel des Todes. Nutzen Sie ihn als spirituellen Berater in Zeiten der Trauer und des Verlustes; wenn Ihre Wut und Negativität den Punkt erreicht haben, an dem Sie sich in der Lage fühlen, jemanden zu verletzen, dann wenden Sie sich an Azrael und bitten Sie ihn um Rat. Er wird Ihnen helfen, Ihr Leben wieder in den Griff zu bekommen und die negativen Gefühle loszulassen, die Sie hegen.

Erzengel Zadkiel

Der Engel der Vergebung und der Barmherzigkeit. Er ist eine mächtige Kraft, die dir helfen kann, die Vergangenheit loszulassen und spirituell neu geboren zu werden. Er wird dir die Kraft geben, deine Seele zu reinigen und deine Schwingungen zu erhöhen, indem er dir vergibt und dich frei macht, um die Person zu werden, die du sein möchtest. Wenn du in einem Trott feststeckst und dich vorwärts bewegen willst, wird Zadkiel dir zu Hilfe kommen.

Erzengel Chamuel

Der Engel der friedlichen Beziehungen. Rufe ihn an, um Ruhe in alle Beziehungssituationen zu bringen, die aus dem Ruder gelaufen sind. Die physischen Beziehungen, die du hast, sind wichtig, aber er wird dir auch helfen, mit geistigen Bindungen umzugehen.

Erzengel Jeremiel

Dies ist ein einzigartiger Erzengel. Er ist einer der ursprünglichen Sieben, die dafür verantwortlich sind, die Menschheit zu beaufsichtigen und ihren Bedürfnissen zu dienen. Er ist kein stimmlicher Engel, sondern zieht es vor, durch Träume und andere nonverbale Methoden zu kommunizieren. Er liebt es, uns zu führen und zu lehren, aber er wird seine Botschaften durch Symbole, Träume und Visionen übermitteln. Sein Einfluss auf Ihr Unterbewusstsein bedeutet, dass er immer bei Ihnen ist, wenn Sie ihn brauchen.

Erzengel Raziel

Er ist der Engel des Geheimnisses und eine der rechten Hände Gottes. Er hütet das Geheimnis des Universums und ist in das innerste Wissen darüber eingeweiht. Sein Wissen ist nicht leicht zu erlangen; er glaubt, dass man dafür arbeiten muss, wenn man spirituell geerdeter werden will. Seine ruhige und besonnene Art bedeutet, dass er oft unentdeckt bleibt, aber seien Sie sicher, dass er will, dass Sie Erfolg haben und alles in seiner Macht stehende tun wird, um Ihnen zu helfen.

Erzengel Sandalphon

Er ist der Hüter der Natur und eine direkte Verbindung zu den irdischen Kräften. Er schwelgt in Musik und Freude, was ihn zu einem der Erzengel macht, mit denen man am leichtesten arbeiten kann. Er hat eine bodenständige Persönlichkeit, die ihn nahbar macht und einen direkten Weg in den Himmel eröffnet. Aufgrund seiner Zugänglichkeit ist Sandalphon der perfekte Erzengel für Anfänger. Er wird Sie mit offenen Armen empfangen und Ihnen helfen, sich in den höheren Bereichen wohl zu fühlen.

Erzengel Sachiel

Er ist ein relativ unbekannter Name in den modernen Aufzeichnungen über Erzengel. Sein Name wird mit dem Planeten Jupiter in Verbindung gebracht, der der größte Planet im Sonnensystem ist. Das liegt daran, dass er der Engel des Wachstums und des Erfolgs ist. Er kann Ihnen in Fragen des persönlichen Erfolges, des Wohlstandes und des materiellen Gewinns helfen. Das sind vielleicht

keine engelhaften Bereiche, aber manchmal brauchen wir alle Hilfe, um erfolgreich zu sein. Rufen Sie ihn an, damit er Ihnen hilft, Ihre Gedanken zu erweitern,
Risiken einzugehen und sich weiterzuentwickeln.

Erzengel Orion

Er ist mit dem Stern Orion assoziiert und gilt als der am wenigsten protzige
aller Erzengel. Es ist neu für ihn, mit Menschen zu interagieren, und er zieht es
vor, seine Botschaften nicht verbal zu übermitteln. Sein Hauptziel ist es, Ihnen
zu helfen, Ihre Hemmungen fallen zu lassen und sich zu Wachstum und Aus-
dehnung zu inspirieren. Er bringt eine einzigartige Schwingung in dein Leben
und kann dir helfen, deine Träume zu verwirklichen.

Sich mit den Erzengeln zu verbinden, mag wie ein großer spiritueller Schritt klin-
gen. Für manche Menschen erfordert es immensen Mut, sich an diese wichtigen
spirituellen Wesen zu wenden, für andere wiederum wird es ihnen leicht fallen.
Denken Sie daran, dass Ihre religiöse Zugehörigkeit keine Rolle spielt, wenn es
um die Erzengel geht; sie werden Ihnen helfen, ganz gleich, welchen Glaubens
Sie sind.

Sie haben die Macht, Zugang zu deinen Gedanken zu erhalten, und du kannst
ihnen vertrauen, dass sie sie für sich behalten. Sie müssen keine besonderen
Rituale durchführen, um ihre Hilfe in Anspruch zu nehmen; Sie brauchen nur
einen offenen Geist. Sobald Sie die telepathischen Kräfte spüren, die die Engel
Ihnen schicken, ist das ein Signal, dass sie Ihre Bedürfnisse erkennen und sich an
die Arbeit machen.

Sie werden bald erkennen, dass einige Erzengel besser mit anderen zusamme-
narbeiten. Orion und Sachiel zum Beispiel konzentrieren ihre Kräfte beide auf
Erfolg und materiellen Wohlstand. Holen Sie sie in Ihr spirituelles Team und
Sie werden den Unterschied fast sofort spüren. Mit ihrer Hilfe wirst du das

Selbstvertrauen und die innere Stärke haben, deine Träume zu verwirklichen und ein erfolgreicherer Mensch zu werden.

Das Buch des Lebens sagt uns, dass Sandalphon und Metatron Brüder sind, so dass ihre Macht miteinander verflochten ist. Studieren Sie die Eigenschaften und Kräfte aller Erzengel, und Sie werden von ihren Interventionen noch mehr profitieren. Erwarten Sie nicht, dass der Prozess Ihnen sofort Visionen und Botschaften bringt, denn Ihre Technik wird sich mit der Übung verbessern. Wie bei allen spirituellen Kommunikationen besteht der erste Schritt darin, die Erlaubnis zum Kontakt zu geben. Sobald Sie Ihren Geist für sie geöffnet haben, werden sie antworten.

KAPITEL 7: GEISTTIERE

Die Geister, die uns beschützen, nehmen viele Formen an, wenn sie uns besuchen. Sie wissen intuitiv, wie sie uns beruhigen und beschützen können, indem sie eine natürliche Form annehmen, meist ein Tier oder einen Vogel. Diese Geisterformen werden oft als "Geistertiere" zusammengefasst, aber hinter bestimmten Geistern verbergen sich unterschiedliche Bedeutungen.

Sie müssen entscheiden, was diese Natursymbole bedeuten, und die Botschaft bestimmen, die sie vermitteln. Dies wird einen Sinn ergeben, wenn man es auf gegenwärtige, vergangene oder zukünftige Ereignisse und die Emotionen, die sie auslösen, anwendet. Du musst verstehen, dass du dir dein Geisttier nicht aussuchen kannst und auch nicht, wann es in deinem Leben auftauchen wird. Dies ist bereits vorherbestimmt und wird geschehen, wenn die Zeit reif ist.

Vielleicht haben Sie das Gefühl, dass Sie eher mit einem mächtigen Löwen oder einem starken Bären verbunden sind, aber Sie sehen immer wieder Schmetterlinge und Enten und nicht die mächtigen Tiere, mit denen Sie sich verbunden fühlen. Glauben Sie einfach an den Prozess und lassen Sie ihn natürlich ablaufen. Die Geister werden dir das richtige Tier zur richtigen Zeit zuweisen. Diese werden sich mit der Entwicklung Ihrer Situation und Ihrer Reife verändern. Bestimmte Phasen deines Lebens werden von den Tieren repräsentiert, die für deine Bedürfnisse relevant sind.

Abhängig von deinem Geburtstag fühlst du dich vielleicht zu bestimmten Tieren hingezogen. Wenn du unter Widder oder Steinbock geboren bist, fühlst du dich zu steinbockartigen Tieren wie dem Widder und der Ziege hingezogen. Schafe und andere Rassen mit gespaltenen Hufen werden Sie faszinieren. Fischartige Tiere sprechen diejenigen an, die im Zeichen des Wassers geboren sind, während Löwen und andere Großkatzen Menschen ansprechen, die im Zeichen des Löwen geboren sind.

Aber was ist, wenn dein Sternzeichen keine Verbindung zur Tierwelt hat wie Zwillinge oder Jungfrau? Diese Zeichen finden eher eine Verbindung zu mythischen Fantasietieren wie dem Phönix oder Bigfoot. Es gibt keine festen Regeln in Bezug auf Geisttiere, und du wirst deine Verbindung basierend auf deiner Persönlichkeit, deinen spirituellen Bedürfnissen und den Eigenschaften, die das Tier in deine Welt einbringen kann, finden.

Es geht hier nicht um spirituellen Snobismus. Das kleinste Insekt ist genauso mächtig wie die mächtige Giraffe. Denken Sie daran, dass wir alle Teil des großen Gewebes sind, das wir Leben nennen, und dass wir alle eine wichtige Rolle zu spielen haben. Wenn du dich zu Glühwürmchen hingezogen fühlst, dann lass dich darauf ein!

Geist-, Totem- und Krafttiere

Geist-Tiere

Sehen Sie immer wieder Beispiele für bestimmte Tiere, wohin Sie auch schauen? Sehen Sie zufällig Dokumentarfilme über sie und dann ein Kunstwerk, das ihr Bild zeigt? Sind sie Teil einer Werbung, die zwischen jeder Sendung, die Sie sehen, im Fernsehen auftaucht? Das ist wahrscheinlich Ihr Geisttier.

Diese Geistformen sind eine Darstellung der Kräfte und Fähigkeiten, die Sie derzeit besitzen. Sie werden geschickt, um dich an deine Kraft zu erinnern, zu wachsen, dich zu erweitern und dich durch Lernen zu verbessern. Sie stellen auch

Botschaften bezüglich verschiedener Menschen oder Situationen dar, mit denen du gerade zu tun hast.

Zum Beispiel wird ein sich langsam bewegendes Tier wie eine Schildkröte oder ein Faultier geschickt, um Ihnen zu sagen, dass Sie es langsam angehen lassen und alle schwerwiegenden Entscheidungen, die Sie in letzter Zeit getroffen haben, überdenken sollen. Ein Vogelgeist wird Sie besuchen, wenn die Geister der Meinung sind, dass es für Sie an der Zeit ist, Ihre Flügel auszubreiten. Wie du deine Geistertiere interpretierst, bleibt dir überlassen, aber ein allgemeines Wissen darüber, was sie repräsentieren, ist hilfreich.

Totemtiere

Haben Sie eine Sammlung von Gegenständen, die sich auf ein bestimmtes Tier beziehen? Sie wissen, dass Sie zu viele haben, aber Sie fühlen sich einfach gezwungen, alles zu kaufen, was Sie in die Finger bekommen? Dies ist Ihr Totemtier, das zu Ihrer Seele spricht. In der Kultur der amerikanischen Ureinwohner besagt die Tradition, dass Ihr Totemtier Sie und Ihre Familie ein Leben lang begleitet. Wenn Sie spirituell wachsen, wird auch Ihr Wissen über Ihr Totemtier wachsen.

Krafttiere

Wenn Sie den Begriff "Biomimikry" oder "Biomimetik" noch nie gehört haben, dann kennen Sie vielleicht auch nicht die Verbindung zu Krafttieren. In den Kulturen der Eingeborenen lehren die Ältesten die Kinder von klein auf, das Tierreich anzurufen, damit sie lernen, sich zu entwickeln. Potenzielle Jäger würden den Tiger oder Panther anrufen, damit sie wie sie "werden", wenn sie jagen.

Der Geist des Tieres würde die Kinder bei der Bewältigung der Aktivität anleiten und ihnen das nötige Wissen vermitteln. Ein Eichhörnchen würde zum Beispiel für Spaß sorgen, während ein Falke helfen würde, eine Situation besser zu verstehen.

Ihr Krafttier herbeizurufen ist ein natürlicher Prozess. Die DNS verbindet alle Menschen und Tiere, und wir alle haben die Macht, uns das Wissen zunutze zu machen, das wir suchen. Rufen Sie den Geist Ihres gewünschten Krafttieres herbei oder beschwören Sie ihn, damit er Ihnen seine Energie und Kraft schenkt, wann immer Sie das Bedürfnis danach verspüren.

Die Tiere, mit denen Sie kommunizieren, stammen aus einem vielfältigen Ökosystem, es kann sich also um Insekten, Säugetiere, Fische, Amphibien oder Vögel handeln. Es kann aber auch sein, dass die geistige Welt beschließt, Ihnen Repräsentationen aus der Welt der Fantasie und der mythologischen Kreaturen zu schicken. Jede Lebensform repräsentiert etwas, also rechnen Sie damit, dass Sie immer mehr verschiedene Kreaturen sehen werden, wenn Ihr spirituelles Selbst wächst und sich auf die Botschaften, die Sie erhalten, fein einstellt.

Hier sind einige Beispiele von Kreaturen und Tieren, die als Geisttiere erscheinen und als Krafttiere angerufen werden können:

Amphibien und Reptilien

Diese robusten Kreaturen sind eng mit dem Wasser verbunden und leben in einer Welt, die zwischen Land und Wasser geteilt ist. Als solche repräsentieren sie die beiden Elemente Erde und Wasser. Sie erscheinen dir, wenn du dich von deinen wahren Gefühlen abgekoppelt fühlst. Sie sind ein Symbol, das dir sagt, dass es an der Zeit ist, loszulassen und aufgestaute Gefühle loszulassen.

Wenn du ein Reptil- oder Amphibien-Totemtier in deinem Leben hast, bedeutet das, dass du Liebe und Wärme hast. Du bist wild und unabhängig und hast oft übersinnliche Fähigkeiten.

Als Krafttier kannst du Reptilien und Amphibien für deine persönliche Entwicklung heranziehen und sie helfen dir, deine spirituellen Sinne zu entwickeln. Sie werden dir helfen, wenn du dein Energieniveau erhöhen und deine spirituelle Stimme verstärken musst.

Einer der beliebtesten und häufigsten Amphibiengeister ist der Frosch. Wenn du Bilder und Darstellungen von Fröschen siehst, kann das viele Dinge anzeigen. Oft bedeutet es, dass man vom Aussehen beeinflusst ist und deshalb die Liebe verpasst. Frösche sagen uns, dass wir uns Zeit nehmen sollen, um Menschen kennenzulernen und ihre innere Schönheit zu entdecken.

Das Erscheinen eines Frosches ist auch ein Hinweis auf Wohlstand und reiche Zeiten für Sie und Ihre Familie. Dein Froschgeist sagt dir, dass du dich um dich selbst kümmern und dein Leben entgiften sollst. Er ist auch ein Symbol für Fruchtbarkeit und Wiedergeburt.

Andere häufige Tiere dieser Kategorie sind Schlangen, Drachen, Krokodile und Salamander. Sie stehen für Freiheit und Befreiung, gefolgt von Transformation und Anpassung.

Vogel-Symbolik und -Bedeutung

Sind Sie bereit, Ihre Flügel auszubreiten und zu fliegen? Die Symbolik der Vögel ist ein klares Signal, genau das zu tun. Aber es gibt noch so viel mehr von den Vogelgeistern zu lernen. Wie lebt Ihr spezieller Vogelgeist in seiner natürlichen Umgebung? Handelt es sich um Einzelgänger oder neigen sie von Natur aus zu Schwärmen? Haben sie einen lauten, schrillen Schrei oder spricht ihr Vogelgesang die Seele an?

Viele Kulturen glauben, dass Vögel die natürliche Verbindung zu höheren Wesen sind, und wenn sie uns besuchen, ist das ein wahrhaft magisches Ereignis. Sie sind die Vorboten des Frühlings, und wenn sie als Helfer zu dir kommen, ist das ein Zeichen des Übergangs. Vielleicht sind Sie in Ihrer Routine stecken geblieben und brauchen einen Anstoß, um weiterzukommen. Vögel helfen dir, dein Bewusstsein zu erheben und aufzusteigen. Da sie in einer Welt leben, die zwischen der Erde und der Luft liegt, repräsentieren sie beide Elemente.

Andere gängige Bedeutungen von Geistervögeln

- Blaue Vögel bedeuten Liebe und Glück.

- Braune Vögel bedeuten, dass Sie Ihre Gesundheit überprüfen lassen müssen oder dass Sie auf dem Weg der Besserung sind.

- Weiße Vögel stehen für Positivität und die Zeit der Veränderung.

- Spechte bedeuten, dass man bereit für Veränderungen ist, und sie lehren auch die Kunst der Unangepasstheit.

- Schwäne sind ein Symbol für Reinheit und Unschuld und werden oft an Menschen geschickt, die mit ihren romantischen Beziehungen zu kämpfen haben.

- Papageien repräsentieren deine Stimme, sowohl in der physischen als auch in der spirituellen Welt, und werden zu dir geschickt, um dich zu ermutigen, deine Worte weise zu gebrauchen.

- Eulen werden dir geschickt, wenn es an der Zeit ist, still zu sein; sie symbolisieren, dass du dich deinen Schatten stellst und deine Dämonen überwindest.

- Eine Gans wird in deinen Träumen erscheinen, wenn du Schutz und Verteidigung brauchst.

- Raben sind die mächtigsten Geistervögel und werden geschickt, um euch auf der nächsten Transmutationsstufe eurer spirituellen Reise zu begleiten.

Fisch-Symbolik und -Bedeutung

Fische leben im Wasser und sind rauen Strömungen und anderen starken Elementen ausgesetzt. Sie sind ein Symbol für die unterbewussten Emotionen und die Zeiten des Streits, die das menschliche Leben beeinflussen können. Wenn du einem Fisch oder einem Krustentier als Geisttier begegnest, bedeutet das, dass es Zeit für eine Wiedergeburt und eine tiefere Untersuchung deiner emotionalen Bindungen ist.

Wie bei den anderen Kategorien gibt es auch in der Welt der Fische unzählige Arten, und jede hat eine bestimmte Bedeutung. Du kannst in vielerlei Hinsicht von ihnen lernen, z. B. wie sie in der Natur leben. Sind sie Jäger, oder sind sie Beute? Schwimmen sie allein oder kommen sie in Schwärmen vor?

Hier sind die häufigsten Mitglieder der Fischfamilie und ihre spirituellen Bedeutungen:

- Seepferdchen sind die einzige Art, deren männliche Mitglieder schwanger werden können. Sie repräsentieren eine starke männliche Kraft, die bedeuten kann, dass du als Vater einspringen oder deinen Vater um Hilfe bitten musst.

- Lachse sind dafür bekannt, dass sie gegen den Strom schwimmen. Sie sagen dir also, dass du in schwierigen Zeiten durchhalten und trotz aller Hindernisse weitermachen sollst.

- Krabben sind ein Symbol des Wandels und des Aufbruchs.

- Kaiserfische sind die farbenfrohe und schöne Verkörperung einer echten Verbindung zur göttlichen Kraft.

- Barrakudas werden geschickt, wenn man Stärke und eine schnelle Flucht aus Schwierigkeiten braucht.

- Haie stehen für den Mut, einen neuen Weg einzuschlagen und die Angst hinter sich zu lassen.

Symbolik und Bedeutung von Insektengeistführern

Insekten sind die vielfältigste Klasse von Tieren, da sie überall leben. Sie fliegen, sie graben, und vor allem bestäuben sie alles, was wächst. Die meisten Menschen sehen sie als lästigen Teil des Ökosystems, aber eigentlich sind sie das Rückgrat der natürlichen Welt.

Die globale Symbolik der Insekten steht für einige ihrer gemeinsamen Eigenschaften. Nährende, produktive, hartnäckige und gemeinschaftsorientierte Eigenschaften sind Teil ihrer natürlichen Eigenschaften.

Einige der gebräuchlichsten Geisterinsekten und was sie bedeuten

- Spinnen sind eines der kreativsten Elemente der Natur. Sie stehen für Macht und Magie und für das Gefangensein in einem geistigen Trott.

- Wespen sind die natürlichen Krieger der Insektenwelt; sie werden geschickt, um dich zu ermutigen, für deine Ziele zu kämpfen.

- Skorpione sind ein Zeichen dafür, dass Ihr Leben vergiftet ist und dass Sie sich von den negativen Menschen in Ihrem Umfeld trennen müssen.

- Marienkäfer sagen dir, dass es Zeit für die Liebe ist und lehren dich, wie du die Dinge anziehst, die du willst.

- Glühwürmchen sind die leuchtenden Leuchttürme der Natur und stehen für die Zeit, in der du glänzen kannst; sie zeigen dir, wie du in sozialen Interaktionen besser wirst.

- Bienen produzieren Honig. Wenn sie also in Ihren Träumen oder als Symbole auftauchen, ist es an der Zeit, dass die Süße Teil Ihres Lebens wird.

Säugetiergeist-Zeichen, -Symbolik und -Bedeutung

Jeden Tag begegnen wir Säugetieren in der einen oder anderen Form. Sie sind unsere engsten Verwandten auf der Erde, und so liegt es auf der Hand, dass sie die Geisttierform sind, die uns am meisten anspricht. Die Geisttiere und Symbole der Säugetiere sind eng mit dem Herzen von Mutter Natur verbunden. Sie helfen dir, deine inneren Schwingungen mit ihren Rhythmen und Zyklen in Einklang zu bringen, damit du dich an die Botschaften der Natur erinnern kannst.

Die globale Symbolik der Säugetiere beinhaltet eine Verbindung zum Land, natürliche Rhythmen, physische Erdung und das Bedürfnis nach Beständigkeit.

Einige der gebräuchlichsten Geistersäugetiere und was sie bedeuten:

- Yaks sind ein Symbol für rohe Kraft und Muskeln und werden geschickt, um Ihnen zu helfen, wenn Subtilität nicht funktioniert hat.

- Wölfe sind rätselhafte Wesen, die in Rudeln leben, aber auch als Einzelgänger überleben können. Sie werden geschickt, um dir zu sagen, dass es an der Zeit ist, deine Position in deinem Rudel bekannt zu machen oder in Erwägung zu ziehen, dich zu trennen und unabhängig zu werden.

- Wiesel werden ausgesandt, um Menschen mit geringem Selbstwertgefühl zu helfen, ihr Selbstvertrauen aufzubauen.

- Tiger helfen Ihnen, Ihren Abenteuersinn zu entdecken und Ihre Neugierde zu stillen.

- Schneeleoparden sind ein Symbol für Frieden und Stille. Sie sollen dir sagen, dass du einen Schritt zurücktreten und an den Rosen riechen sollst.

- Rentiere sind ein Symbol für eine berufliche und körperliche Veränderung. Sie sagen dir, dass es in Ordnung ist, weit wegzuziehen oder deinen derzeitigen Beruf zu überdenken.

- Kaninchen sind ein Symbol dafür, dass man schauen soll, bevor man springt.

- Opossums sind ein Zeichen dafür, dass Gefahr im Verzug ist, und Sie müssen zurücktreten und sie vorbeiziehen lassen.

- Orang-Utan-Geistestiere stehen für Weisheit und intensive, wilde Intelligenz.

- Löwen symbolisieren die ultimative Stärke und verleihen Ihnen die Fähigkeit, Ihre Familie zu beschützen und gleichzeitig Ihren inneren Jungen freizulassen, wenn es nötig ist.

- Murmeltiere sind die Art der Geister, dir zu sagen, dass du die Zyklen der Natur respektieren und dein Leben wieder in den Griff bekommen musst.

- Füchse dringen in deine spirituellen Energien ein, um dir zu sagen, dass es an der Zeit ist, deine übersinnlichen Sinne und Fähigkeiten zu entwickeln.

- Delphine stehen für Selbstliebe und Gemeinschaft.

- Hunde stehen für bedingungslose Liebe und lehren uns, weniger voreingenommen zu sein.

- Bären sind ein Symbol für Mut und Stärke.

- Ameisenbären symbolisieren das Bedürfnis nach Einsamkeit und Introspektion.

Mythische Kreaturen Symbolik und ihre Bedeutung

Wie können Kreaturen aus der Fantasie und der mythischen Welt die gleiche geistige Kraft haben wie Tiere aus dem Ökosystem? Manchmal reicht die Natur einfach nicht aus, wenn es darum geht, unseren Verstand zu überraschen, und wir müssen aufhorchen und aufmerksam werden. Einige der beliebtesten Fantasiewesen sind eine Mischung aus realen Tieren, die mit übernatürlichen Kräften ausgestattet wurden. Der Drache zum Beispiel hat Eigenschaften, die mit denen der Schlange und der Eidechse verwandt sind, kann aber fliegen und Feuer spucken. Der Greif ist ebenfalls ein Mischwesen aus Adler- und Löwenelementen, das die Botschaften beider Tiere in sich trägt.

Auf diese Archetypen der mystischen Welt kann man sich verlassen, wenn es darum geht, die Wahrnehmungen aus der schwarz-weißen Realität, in der man lebt, herauszuholen und die eigene kulturelle Weisheit zu erweitern.

Die Symbolik einiger bekannter Fantasietiere und deren Bedeutung:

- Das Einhorn bietet Ihnen die Möglichkeit, die Welt mit anderen Augen zu sehen.

- Die Geister des Phönix werden Sie besuchen, wenn Sie Heilung brauchen; sie zeigen Ihnen, wie selbst aus den tragischsten Umständen Großes entstehen kann.

- Die Meerjungfrau symbolisiert ein Gleichgewicht zwischen Herz und Verstand; sie lehrt dich, wie du eine gesunde Einstellung erlangen und ein vielseitiger Mensch werden kannst.

- Die Drachen sagen dir, dass es an der Zeit ist, dein Feuer neu zu entfachen und an deiner Seele zu arbeiten.

- Bigfoot oder eines seiner Alter Egos sind eine Mahnung, sich gegen Mobbing zu wehren und seinen Mann zu stehen.

Dieser Leitfaden soll Ihnen helfen, die grundlegenden Bedeutungen von Geistführern in Tiergestalt zu verstehen, ist aber keineswegs umfassend. Wenn Sie
feststellen, dass Geistertiere regelmäßig mit Ihnen in Kontakt treten, wird es
hilfreich sein, wenn Sie sich mit alten kulturellen Glaubensvorstellungen und
den Verbindungen, die diese mit Tieren haben, beschäftigen. Das Thema ist ein
faszinierender Einblick in die spirituelle Interpretation und die Verbindung mit
den natürlichen Phänomenen, die uns umgeben.

SCHLUSSFOLGERUNG

Jetzt haben Sie die Macht, mit Ihren geistigen Führern in Kontakt zu treten und sie um Hilfe zu bitten; diese Praktiken werden bald Teil Ihres normalen Lebens sein. Genauso wie Sie zum Telefon greifen, um Ihren besten Freund zu fragen, was Sie tun sollen, werden Sie bald auch Ihre Geistführer um Rat fragen. Jede Erfahrung ist etwas Besonderes und sollte auch so behandelt werden. Wenn Sie also bereit sind, Liebe und Mitgefühl in Ihrem Leben willkommen zu heißen, dann tun Sie es!

Ich hoffe, Sie hatten Spaß bei der Lektüre dieses Buches und haben es als informativ und hilfreich empfunden. Viel Glück, bleiben Sie sicher, und nehmen Sie Ihr spirituelles Team an!

www.ingramcontent.com/pod-product-compliance
Lightning Source LLC
Chambersburg PA
CBHW070938120626
46546CB00004B/1460